HERMANN EICHLER

Verfassungswandel in England

Schriften zur Verfassungsgeschichte

Band 39

Verfassungswandel in England

Ein Beitrag zur europäischen Rechtsgeschichte
des 17. und 18. Jahrhunderts

Von

Dr. jur. Hermann Eichler
em. o. Professor an der Universität Linz

Duncker & Humblot · Berlin

CIP-Titelaufnahme der Deutschen Bibliothek

Eichler, Hermann:
Verfassungswandel in England: e. Beitr. zur europ.
Rechtsgeschichte d. 17. u. 18. Jh. / von Hermann Eichler. –
Berlin: Duncker u. Humblot, 1988
    (Schriften zur Verfassungsgeschichte; Bd. 39)
    ISBN 3-428-06370-8
NE: GT

Alle Rechte vorbehalten
© 1988 Duncker & Humblot GmbH, Berlin 41
Satz: Klaus-Dieter Voigt, Berlin 61
Druck: Berliner Buchdruckerei Union GmbH, Berlin 61
Printed in Germany
ISBN 3-428-06370-8

Vorwort

Die vorliegende Abhandlung ist ein Beitrag eher zur europäischen als zur englischen Verfassungsgeschichte. Die erste geschriebene Verfassung Europas, die während des Beobachtungszeitraumes vorübergehend im „republikanischen" England galt, ging bald darauf im Zeitalter der Restauration unter. Dennoch nahm der konstitutionelle Grundgedanke in den französischen Revolutionsverfassungen und ihnen nachgebildeten Phänomenen anderer Länder erneute Gestalt an. Erst auf solchen Umwegen erlangte jener Verfassungsansatz des „Commonwealth" und Protektorates – gleichsam nachträglich – eine modellartige Tragweite unter völlig veränderten Zeitumständen und auf einem inzwischen weiter entwickelten Verfassungsniveau und -verständnis.

Die Geschichte wiederholt sich nicht. Vergleiche der französischen Revolution mit den englischen Bürgerkriegen sind daher ebenso bedenklich wie solche des „Instrumentes" und der „ehrerbietigen Petition" mit der Verfassung der Nationalversammlung und des Konventes. Es ist in solchen „Lagen" des in Bewegung geratenen Verfassungslebens immer nur der Grundton der politischen Veränderungen, der im Fortgang der Zeit mitschwingt.

Die Anschauungsweise kommt im englischen Schrifttum der Gegenwart zu lebendigem Ausdruck. Es ist die Auffassung, daß die Geschichte ein Teil der Verfassung ist. Aus dieser Sicht lebt im Rechtsbewußtsein des 17. Jahrhunderts die „Magna Carta" wieder auf. Eine geschichtlich versierte Generation wächst im Geist des Common Law auf. Erwähnt werden die Pyms und Hampdens, die Cokes und die Cromwells, die Eliots und die Holles (s. unten im Text I 2, c, dd), die alle ihre zeitgemäßen Vorschläge aus eigener politischer Verantwortung machten. An dieser Stelle wird hervorgehoben, daß die Propositionen denjenigen ähnlich waren, die ein Jahrhundert später im Verlaufe der französischen Umwälzung gemacht wurden. So wird der auffällige Satz verständlich, daß die ideologische Basis der französischen Revolution „im England der Stuarts gelegt" wurde, und zwar in einem Bürgerkriege, der aus der wachsenden Antinomie des Königtums und der zunehmenden „Oligarchie der Mittelklasse" entstand. Besonders hervorhebenswert ist aber die Einschränkung, daß die zuletzt genannte Revolution über den Vorläufer in England weit hinausging. Angespielt wird hiermit auf das sog. Entgleiten. Nur unter diesem Vorbehalt ist die transparente Formulierung zu erläutern. Offensichtlich handelt es sich nicht um eine neue Theorie der französischen Revolution, sondern um durchgängige Linien, die im historischen Bilde vor- und nachwirkten. Die Phasen und Mittel der Durchführung der Reformen, die anderswo im 18. Jahrhundert vorgenommen wurden, bleiben selbstverständlich außer Betracht.

Linz - Wien, Sommer 1987

Hermann Eichler

Inhaltsverzeichnis

Erster Teil
Grundlegung   9

I. Einleitung 9
  1. Die Rechtskreislehre 9
  2. Der Verfassungsvergleich 11
    a) Die ungeschriebene und die geschriebene Verfassung als grundlegendes Unterscheidungsmerkmal 11
    b) Vergleichsmethoden im Verfassungsbereich 13
      aa) Die italienische Systematik 13
      bb) Die österreichische Systematik 14
      cc) Die französische Lehre von den Rechtssystemen 16
    c) Die englische Verfassungsgeschichte in den Allgemeinen Staatslehren 17
      aa) Die deutsche Allgemeine Staatslehre 17
      bb) Die österreichische Allgemeine Staatslehre 21
      cc) Englische Verfassungsgeschichte 23
      dd) Das Regierungssystem in der englischen Theorie 26

II. Vorstufen des „Instrument of Government" als einer „geschriebenen Verfassung" 28
  1. „King and Commons" 28
  2. Petition of Rights (1628) 29
  3. Grand Remonstrance (1641) 30
  4. Die Abschaffung der Monarchie 32

Zweiter Teil
Frühe Verfassungsentwicklung in Amerika und England   38

I. Der Einfluß der nordamerikanischen Verfassung auf die Entstehung der schriftlichen Verfassung in England 38
  1. Der Prozeß der Verselbständigung der Kolonien 38
  2. Die Verwandlung der Kolonien in selbständige Staaten 42

II. Verfassungsansätze zwischen Krieg und Revolution 44
  1. Die „Heads of the Proposals" 44
  2. Die „Agreements" 47

Dritter Teil
Das Protektorat 51

I. Instrument of Government 51
   1. Vorbemerkungen 51
   2. System 53

II. Fortsetzungszusammenhänge 55
   1. Der Übergang vom „Instrument" zur „Humble Petition and Advice" .. 55
   2. „The Humble Petition and Advice" v. 25 May 1657 56

Vierter Teil
Das Königreich und die Verfassung 60

I. Die Revolutionsverfassung in England 60

II. Die Wiederherstellung 62

Fünfter Teil
Die Kirche und die Verfassung 64

I. Grundstimmungen und Gestaltungsgedanken 65
   1. Grundlagen der kirchlichen Verfassung in England 65
   2. Anglikanismus und Puritanismus 68

II. Wandlungen der Kirchenverfassung 70
   1. Die anglikanische Kirche und die Hochkirche 70
   2. Die Independenten 72
   3. Die Religionsartikel „Instrument of Government" 73
   4. „The Humble Petition and Advice" v. 25 May 1657 75
   5. Auf dem Weg zur restaurierten Kirche 77

Sechster Teil
Überleitung zur europäischen Rechtsgeschichte 80

I. Vorbemerkungen 80

II. Die englische und französische Revolution 80

Literaturverzeichnis 86

Erster Teil

Grundlegung

I. Einleitung

1. Die Rechtskreislehre

In der Auseinandersetzung über die Einteilung der „Großen Rechtssysteme" ist die Klassifizierung der Rechtsordnungen nach bestimmten Merkmalen ein übergeordneter Maßstab der Abgrenzung gewesen. Bekanntlich sind in diesem Rahmen auf der Grundlage von Rechtssystemen sogenannte Rechtsfamilien gebildet worden, ohne daß hierüber völlige Einmütigkeit erzielt worden ist. Es scheint, als ob die Gliederung in eine römisch-deutsche, in eine common law Familie und in eine der sozialistischen Rechtsordnungen vorherrscht. Diesen drei Rechtssystemen werden in einer Generalklausel noch weitere hinzugefügt. Eine andere Lösung beruht auf einer Gruppierung von drei Rechtssystemen in der christlichen Welt: die französischen Systeme, die Rechtsordnung des common law und des sowjetrussischen Rechtskreises. In welcher Weise auch immer die Zusammenstellung erfolgt, die anglo-amerikanische Gruppe findet in jeder Zusammenfassung auf alle Fälle ihre hervorgehobene Ausprägung, weil sie sich historisch betrachtet gegenüber den anderen Systemen zur Eigenart entfaltet hat. Räumlich gesehen handelt es sich dabei um die Rechtsordnungen des Vereinigten Königreiches von Großbritannien und Irland, von verschiedenen Ländern des commonwealth und den Vereinigten Staaten von Amerika. Das Für und Wider derartiger Einteilungen ist in der Rechtskreislehre oft erörtert worden. Im Rahmen der vorliegenden rechtshistorischen Untersuchung ist eine Kritik nicht angebracht.

Die angedeutete Lehre hat sich zuerst in Anlehnung an das System des römischen Privatrechts auf dem Boden des Zivilrechts und Handelsrechts ausgebreitet. Es gewinnt den Anschein, als ob im Anfangsstadium der Doktrin das öffentliche Recht zurücktrat. In neuerer Zeit hat sich jedoch die Auffassung durchgesetzt, daß die gesamte Rechtsordnung in die Gegenüberstellung und Zusammenfassung einzubeziehen ist. Demgemäß sind Gruppierungen denkbar, die sich auf das öffentliche Recht und das Privatrecht erstrecken. Was das Verfassungsrecht anbetrifft, so ist demnach ohne weiteres vorstellbar, daß Verfassungen verschiedener Rechtsordnungen miteinander „koordiniert" werden, obwohl sie Grundordnungen verschiedener Staaten sind. Erst durch den Vergleich von Konstitutionen, die in ihrem Text voneinander abweichen, stellen sich die Merkmale heraus, die zur Eingliederung in einen Rechtskreis geeignet sind oder nicht. Hierbei spielt die Art und Weise der Entstehung eine große Rolle. Was das englische Verfassungsrecht betrifft, so gründen sich die in Betracht kommenden Rechtseinrichtungen eher auf Gewohnheitsrecht als auf geschriebenes Recht. Nur ausnahmsweise kommt es, im Verlaufe des 17. Jahrhunderts, zu einer britischen Verfassung, die geschrieben ist. Außerdem entstehen in den nordamerikanischen Kolonien nach der Besiedelung durch vorwiegend englische Einwanderer Verfassungen, die in ein Spannungsverhältnis zu der des Mutterlandes treten.

Im übrigen wird auch ein Vergleich der späteren französischen Revolutionsverfassungen mit der englischen Revolutionsverfassung, die unter dem Protektor Cromwell erging, anzustreben sein, und zwar wegen der Ähnlichkeit der zugrundeliegenden politischen Umwälzungen.

Hiermit wird der Boden des Verfassungsvergleiches betreten, der lange Zeit hindurch nicht unternommen wurde, neuerdings aber wie eine selbständige Disziplin in Erscheinung tritt. Aus dem Schrifttum sind besonders italienische und österreichische Vorarbeiten zu erwähnen[1].

---

[1] Eine weitere Auseinandersetzung mit der Rechtskreislehre findet in diesem Rahmen nicht statt, weil sie nur dem Übergang zum Verfassungsvergleich dient. Nur wenig behandelt wird die Ausdehnung jener zuerst im Privatrecht wurzelnden Lehre auf das öffentliche Recht, insbesondere das Verfassungsrecht. Aus dem Schrifttum: Münch, Einführung in die Verfassungsvergleichung, Zeitschrift für ausländisches, öffentliches und Völkerrecht (1973), S. 126 ff.; Krüger, Stand und Selbstverständnis der Verfassungsvergleichung heute, Verf. u. Recht in Übersee, 1972, S. 5 ff.; Loewenstein, Verfassungslehre, 2. Aufl. (1969), S. 18 ff.; Mosler-Bernhardt (Hrsg.), Verfassungsgerichtsbarkeit in der Gegenwart, Länderberichte und Rechtsvergleichung, 1962 (Nachdruck 1969). Weitere Angaben bei M. Rheinstein, Einführung in die Rechtsvergleichung, 1974, S. 36. Das Material bezieht sich im wesentlichen auf die Gegenwart.
Zur geschichtlichen Entwicklung: Hug, The History of Comparative Law, Harv. L. R. 45 (1932), 1027 ff.; Pound, The revival of comparative law, Tul. L. R. 5 (1930), 1 ff.: Rheinstein, Legal Sytems: Comparative Law and Legal Systems, Int. Encyclopedia of the Social Sciences, 1968, S. 204 - 207 (Quellenverzeichnis Nr. 14); Zweigert, Zur Lehre von den Rechtskreisen, in: Legal Essays in honour of Hessel E. Yntema (Leyden 1961), S. 42 ff.; Ders., Neue Systeme und Lehrmittel der Rechtsvergleichung, Rabels Z. 17, (1952), S. 397.
Zur englischen Rechtsvergleichung: Wigmore, A Panorama of the world's legal systems 3 Bde. Boston 1928; Ders., L'avenir du système juridique anglo-american, in: Introduction à l'étude du droit comparé, Recueil d'étude en l'honneur d'Edouard Lambert, 2. Bd. 1938, S. 104.
Vom Standpunkt der Privatrechtsgeschichte der Neuzeit hat sich mit den europäischen Rechtsfamilien besonders Wieacker befaßt: Privatrechtsgeschichte der Neuzeit, 2. Aufl., 1967, S. 496 mit zahlreichen Literaturhinweisen. Die angelsächsische Rechts- und Justizkultur wird durch die Abwesenheit von wesentlichen Merkmalen gekennzeichnet, die die kontinentalen Rechte gemeinsam prägen: „Die dauernde Rezeption des Corpus Juris, der Sieg des absolutistischen Souveränitätsbegriffs und damit des Monopols der Rechtsbildung durch die Gesetzgebungsorgane, endlich durch das vernunftrechtliche System und seine allgemeinen Rechtsbegriffe." Im Anschluß werden Traditionen angeführt, von denen hier die „im Kampf mit dem Absolutismus der

I. Einleitung

2. Der Verfassungsvergleich

a) Die ungeschriebene und die geschriebene Verfassung als grundlegendes Unterscheidungsmerkmal

Gegenstand und Methode der Rechtsvergleichung im allgemeinen sind in den letzten Jahrzehnten immer wieder eingehend erörtert worden. In dem Schrifttum aller beteiligten Länder sind gereifte Ergebnisse, auf die Bezug genommen wird, erzielt. Der Verfassungsvergleich ist ein Ausschnitt dieser allgemeinen Lehren, der sich auf den Bereich des Staatsrechts und der allgemeinen Staatslehre beschränkt, und zwar unter besonderer Hinwendung zur Verfassung. Ihre Gliederung wird mitunter der Systematik der obigen Materien vorausgeschickt, und zwar im ganzen gesehen unter einheitlichen Gesichtspunkten, mögen sie auch von Land zu Land geringfügig abweichen.

Der Gegensatz zwischen den ungeschriebenen und geschriebenen Verfassungen pflegt hierbei vielfach vorangestellt zu werden, was sich ohne weiteres aus der geschichtlichen Entwicklung erklärt. Die ungeschriebenen Verfassungen beruhten auf Gewohnheiten, die von der Rechtsordnung als Gewohnheitsrecht anerkannt wurden. Die französische Verfassungssystematik bezeichnet eine Verfassung als „coutumière", sofern das Statut der verfassungsrechtlichen Einrichtungen ganz oder fast ausschließlich auf Gewohnheiten im Sinne von coutumes zurückgeht. Ein solches System bildete lange Zeit hindurch die einzige Verfassungspraxis, ohne daß sich die Lehre damals hiermit eingehend befaßte. Von wenigen Ausnahmen abgesehen kannte das Ancien régime keine geschriebene Verfassung. Die damaligen Rechtsnormen waren im Frankreich jener Zeit ohnehin allgemein „coutumières". Dumoulin hielt „nos coutumes" für „vrai droit commun".

Die rechtlichen Gewohnheiten sind im französischen Mittelalter Normen, die die Verhältnisse zwischen dem Herrscher und den einzelnen sowie den verschiedenen Gesellschaften innerhalb eines bestimmten Territoriums regeln. Es waltet die Vorstellung eines „pacte public"[2] ob.

Tudors und Stuarts gefestigten Freiheiten und alten Grundrechte" interessieren (S. 497).

Zur Geschichte und den Quellen des englischen Rechts im Rahmen der Rechtskreislehre: René David, Les grands systèmes de droit contemporains, 8. Aufl. 1982, v. Camille Jauffret-Spinosi, Nr. 323 ff., Nr. 265 ff.

Unlängst hat der Verf. die Rechtskreislehre in der Weise gegliedert, daß er die sprachlich-kulturell assoziierten Rechtskreise vorangestellt hat, nämlich die anglo-amerikanische, ibero-amerikanische, deutschsprachige und skandinavische Rechtsfamilie und die Rechtskreise mit Modellsystemen (französische, sowjetrussische Rechtsfamilie) angeschlossen hat. Siehe Eichler, Die Rechtskreise der Erde, Estudios de Derecho civil en honor del Prof. Castan, IV, 1968.

[2] Methivier, L'Ancien régime, 5. Aufl., 1971, S. 5 ff.; Pierre Goubert, Régime, U. A., t. I. Der Rechtscharakter der Verfassung im alten Frankreich ist noch immer

Nach englischem Recht gilt als Rechtsquelle allgemein Case Law. Die Gesetzgebung bezieht sich auf das Parlamentsgesetz und die „delegated legislation". Das Parlamentsgesetz ermächtigt etwa einen Minister oder bestimmte Kollektivorgane, die hierdurch festgelegte Kompetenzen erhalten. Die Gewohnheit ist zwar ursprüngliche Grundlage des englischen Rechts, aber sie gilt nur insofern, als nicht Gerichtsentscheidungen oder Parlamentsgesetze vorgehen. Die britische Verfassung[3] ist nicht in einer Verfassungsurkunde niedergelegt wie in anderen Staaten, aber es gilt neben der Rechtstradition „Statutory Law", das sich in parlamentarischen Gesetzesakten oder in Statutory Rules and Orders niederschlägt. Das gesetzte Verfassungsrecht bezieht sich namentlich auf das Verhältnis zwischen der Krone und den beiden Häusern, ferner im Laufe der Rechtsentwicklung auf das Wahlrecht. Seit der Magna Charta werden auch die wichtigsten Grundrechte kodifiziert. Nach der Eigenart des Systems des „Common Law" dient das gesetzte Recht gewissermaßen nur der Ergänzung des „Case Law". Die Subsidiarität gilt für das gesamte angloamerikanische Recht. Für den Bereich des Verfassungsrechts gelten noch besondere „Constitutional Conventions", die z. B. das parlamentarische System betreffen. Eine besondere Stellung nehmen königliche Prärogativen ein, die auf „Custom" beruhen[4].

---

problematisch. Der König und die Krone werden voneinander getrennt, aber um der Idee der Kontinuität des Staates willen. «Le roi est mort, vive le roi!». Hieraus wird auf die Fortdauer der Verordnungen, Privilegien und Verträge geschlossen, die aus der Zeit des inzwischen verstorbenen Königs stammen. Das Schrifttum betont, daß das Ancien régime „constitutionnel défini" ist.

[3] Siehe K. Loewenstein, Staatsrecht und Staatspraxis in Großbritannien, 1967, S. 50 ff.; Th. Öhlinger, Vergleichendes Verfassungsrecht, 1. Aufl., Wien 1986, Universitätsverlag für Wissenschaft und Forschung, S. 42 ff., wo die obigen Quellen anschaulich zusammengestellt sind. Siehe ferner S. 45 ff., wo darauf hingewiesen wird, daß die erste geschriebene Verfassung der Neuzeit Cromwells „Instrument of Government" gewesen sei.

[4] Die Quellenlehre wird hier zum Zwecke der Trennung der beiden Verfassungsarten angedeutet. Das Modell der geschriebenen Verfassung wird meistens in der Konstitution der französischen Revolution erblickt. Das Vorbild der von England abgefallenen nordamerikanischen Kolonialstaaten steht dabei vor Augen. Naturrechtliche Begründungen forderten die in sich geschlossene Systematik, und zwar neben rationalistisch-philosophischen Vorstellungen religiös-kirchliche Überzeugungen. Der Gedanke an eine Kirchenverfassung mag besonders den Puritanern nahegelegen haben, und hieraus die Wunschvorstellung einer staatlichen Konstitution namentlich im Kolonialbereich ausgelöst haben.

Zum Zusammenhang mit der Lehre vom Staatsvertrag siehe W. Rothschild, „Der Gedanke der geschriebenen Verfassung in der englischen Revolution", Tübingen und Leipzig 1903, S. 4 ff. Um die Wende des 16. zum 17. Jahrhundert verbreitete sich unter den Stuarts der Begriff der Fundamentalgesetze, die „Fundamental laws", siehe Rothschild, S. 7, wo eine Schrift (1649) zitiert wird, die auf die „Fundamental constitution of the Freeborn People of England" hinweist.

I. Einleitung

b) Vergleichsmethoden im Verfassungsbereich

aa) Die italienische Systematik

Giuseppe de Vergottini[5] entwickelt zuerst eine Disziplin des „Diritto costituzionale comparato" und eine entsprechende Methode. Infolge der wissenschaftlichen Selbständigkeit wird die Materie von der Erörterung fremden Verfassungsrechts getrennt. Die Beziehungen zu anderen wissenschaftlichen Gebieten werden sowohl nach der historischen als auch dogmatischen Seite analysiert.

Übergeordnete Gesichtspunkte sind der Staat und die Verfassung. Im Hinblick auf den Staat wird eine Typologie der Formen der politischen Macht im traditionellen Sinne aufgebaut. Eine weitere Typologie der Formen der staatlichen Gewalt und der Regierung folgt. In diesem Kapitel werden die Formen der demokratischen Regierung und eine entsprechende Aufgliederung geschildert.

Was die Verfassung anbetrifft, so geht es zuerst um die Rechtsbegriff und den sog. Konstitutionalismus. In dem Abschnitt „Die Errichtung der Verfassung" wird das übliche Verfahren von dem Gewohnheitsrecht getrennt. Die weiteren Kapitel des ersten Teils (III - V) erläutern den Inhalt, die Änderung und den Schutz der Verfassung. Erst im VI. Abschnitt werden die Verfassungskreise abgehoben, eingeteilt in „Modelli e cicli constituzionali". Im Mittelpunkt steht der Staat „di derivazione liberale". Es wird in diesem Zusammenhange hervorgehoben, daß sich der liberale Staat im 17. Jahrhundert in England z. Z. der „Glorreichen Revolution" (1688 - 1689) entwickelte. Als Stufe des weiteren Werdeganges wird die Gestaltung nach der französischen Revolution (1789) und in den Vereinigten Staaten von Amerika nach dem Unabhängigkeitskrieg (1776) angesehen.

Nach der Rechtsstellung des einzelnen im Staate werden die „Governo diretto e indiretto" ferner die Trennung der Gewalten behandelt. Die Regierungsform wird wiederum auf der Grundlage einer traditionellen Typologie erläutert, in der die Form der englischen Regierung voransteht.

Das System der Konstitutionen geht auf die Verfassung der USA von 1787 als einer präsidentiellen und föderalen Republik zurück. Es folgen die nachgeformten Anwendungsfälle sowie die französischen Revolutionsverfassungen aus den Jahren 1791 ff. Hieran schließt sich die Restaurationsverfassung, als deren Modell die französische Verfassung von 1814 gilt. Einen besonderen Typus stellen die Regierungsarten dar, die auf einem Zusammenwirken zwi-

---

[5] Guiseppe de Vergottini, Diritto constituzionale comparato, Padova 1981, mit Literaturangaben auf S. 21, 25 ff., 30 ff., 34 ff., 66 ff., 78 ff., 94 ff., 114 ff., 122 ff., 127 ff., 134 ff., 139 ff., 156 ff., 168 ff., 175 ff., 180 ff., 194 ff., 218 ff., 237 ff., 256 ff., 303 ff., 434 ff., 485 ff., 561 ff., 573 ff.

schen der Gesetzgebung und der Exekutive beruhen. Hieraus resultiert schließlich die parlamentarische Regierung in ihren verschiedenen Verwirklichungen. Voran stehen die Regierungen des anglo-amerikanischen Rechtskreises.

De Vergottini geht davon aus, daß die britische Verfassung nicht in einem „organischen" Dokument, das die wesentlichen Bestandteile des Staatslebens enthält, besteht. Die Rechtsinstitute haben sich nach dieser Darstellung gewohnheitsmäßig herausgebildet, und zwar durch eine systematische Rekonstruktion, die von schriftlichen Normen „diszipliniert" wird (S. 144). Den Abschluß der gesamten Ordnung bilden die Verfassung der „URSS" sowie die autoritären und islamischen Verfassungen. Entsprechend dem vorstehenden Aufbau wird im dritten Teil der sozialistische Staat, im vierten Teil derjenige der „Recente Indipendenza", im fünften Teil der autoritäre Staat angefügt.

Die parlamentarische Regierung verwirklicht sich nach einer geschichtlichen Bemerkung des genannten Autors in England des 17. Jahrhunderts und konsolidiert sich definitiv am Ende dieses Jahrhunderts (S. 239).

bb) Die österreichische Systematik

Theo Öhlinger hat unlängst[6] ein Studienbuch für Juristen „Vergleichendes Verfassungsrecht" vorgelegt. Der Schwerpunkt ruht auf den in die Staats- und Verfassungslehre übergreifenden Aspekten. Die Einleitung ist zunächst dem Begriff der Verfassung und des Verfassungsrechts gewidmet. Im Rahmen der historischen Entwicklung wird betont, daß sich die Idee einer Verfassung im juristischen Sinne wohl bis in das Mittelalter verfolgen läßt, daß jedoch nur in England „eine gewisse Kontinuität" zwischen der mittelalterlichen und heuti-

---

[6] Dem im Text wiedergegebenen Teilinhalt geht eine Kennzeichnung der Verfassungen der westlichen Demokratien voraus. Der Blickpunkt ist hauptsächlich auf die repräsentative Demokratie und die Parteiensysteme gerichtet. In den Abschnitt „Parlamentarische Regierungssysteme" sind außer dem Prototyp Großbritannien noch Österreich und die Bundesrepublik Deutschland aufgenommen. Das sich anschließende präsidentielle Regierungssystem bezieht sich in der unvermischten Form auf die Verfassung der Vereinigten Staaten. Das parlamentarisch-prädidentielle Mischsystem hat Frankreich zum Gegenstande. Das Direktorialsystem erstreckt sich auf die Schweiz (S. 51 - 90).
Eine eingehende Behandlung erfährt der Rechtsstaat, der sich ideenhaft mit der Demokratie verbindet. Ihm wird die „Rule of Law" gegenübergestellt. Die Unterscheidung geht darauf zurück, daß das britische Recht weniger vom Staat als vom „government" ausgeht. Öhlinger legt die Konzeption A. V. Diceys zugrunde, die dieser in dem Werk (Introduction to the Study of the Law of the Constitution, 1. Aufl. 1885) analysiert hat. Das Prinzip läuft auf die Ausschließung der Willkür hinaus, und zwar in Parallele zum Grundsatz der Gesetzmäßigkeit der Verwaltung. In diesem Zusammenhang wird die Verfassung weniger als Quelle, sondern als eine innere Notwendigkeit der von den Gerichten im Wege der Interpretation gefundenen Grundrechte (S. 93 - 94) verstanden.

I. Einleitung

gen Verfassung besteht. Im ganzen gesehen existiert ein unverkennbarer Hang zur Aufrechterhaltung der Tradition, die jedoch infolge der Flexibilität der Verfassung anpassungsfähig ist. Um diesen scheinbaren Widerspruch klären zu können, ist es erforderlich, auf die Rechtsquellen einzugehen. Vorangestellt wird das „Statutory Law" (S. 42), das sich aus Gesetzesbeschlüssen des Parlaments sowie „Statutory Rules and Orders" zusammensetzt. Primäre Rechtsquelle ist jedoch das „Case Law". Infolgedessen ist das gesatzte Recht nur zur Ergänzung des „Case Law" geschaffen (s.o.). Öhlinger bezeichnet daher das auf Satzung beruhende Recht als Rechtsquelle zweiten Ranges. An dieser Stelle sind Einschränkungen räumlicher und zeitlicher Art angebracht, weil, besonders in letzter Zeit, das gesetzte Recht an Umfang zugenommen hat, was namentlich für das nordamerikanische Recht gilt. Im übrigen ist die allgemeine Rechtsquellenlehre, soweit es sich um Satzungsrecht handelt, der Eigenart des Verfassungsrechts anzupassen. Hiermit soll angedeutet werden, daß es sich auf bestimmte verfassungsrechtliche Verhältnisse bezieht, vor allem auf das Parlament und seine Zusammensetzung sowie die Beziehungen zur Krone. Erwähnt wird außerdem das Wahlrecht. Besonders hervorgehoben werden einige Grundrechte, die schriftlich niedergelegt zu werden pflegen. Das historische „Grundgesetz" ist die Magna Charta. Neben den vorstehenden Quellen werden noch die Customs, die in der Linie der Gewohnheit und des Gewohnheitsrechts liegen, erwähnt. Den Abschluß bilden die „Constitutional Conventions" (S. 44).

Im Gesamtsystem tritt Großbritannien als Vorgängernation und als Prototyp des parlamentarischen Regierungssystems hervor. Der Parlamentarismus ist in England, wo sich die *absolute* Monarchie nie dauerhaft durchgesetzt hat, aus der Antithese zwischen dem Monarchen und dem Parlament hervorgegangen.

Nach der Geschichte des britischen Parlaments, die bis in das 13. Jahrhundert zurückreicht, wird vor allem seine Unabhängigkeit als Verfassungsgrundsatz betont. Das Parlament wird rechtlich in der Weise erklärt, daß "the Queen, Lords and Commons in Parliament assembled" aufgeführt werden. Hierbei wird hervorgehoben, daß dem Parlament die höchste gesetzgebende Gewalt innewohnt, ohne daß es an ein höherrangiges Recht gebunden ist. In diesem Rahmen wird schließlich die Stellung der Krone erörtert (S. 49 ff.).

Die Ausführung über die Geschichte der Grundrechte wurzeln in der Magna Charta Libertatum (1215), in der sowohl die Entstehung des Parlamentarismus als auch die Ordnung der Freiheitsrechte fundamentiert sind. Die Untersuchung führt weiter zur Petition of Rights (1628), die in den Beobachtungszeitraum der vorliegenden Arbeit fällt. Es schließen sich die Akte und Erklärung von 1679, 1689 und 1700 an.

Theoretisch wird die Entwicklung mit den Lehren von J. Locke untermauert (.112).

Cromwells „Instrument of Government" erscheint als erste geschriebene Verfassung der Neuzeit.

cc) Die französische Lehre von den Rechtssystemen

In Rahmen seiner bereits erwähnten Lehre von den großen Rechtssystemen hat René David[4] die Struktur und die Quellen des englischen Rechts zusammengestellt. Vielfach wird dabei das französische Recht besonders unter dem Gesichtspunkt des droit civil mit dem common law verglichen. Auf der einen Seite befinden sich in der Gesamtübersicht „les droits romanistes", auf der anderen Seite „les droits anglais" (Nr. 291). Das „système ancien" war von den „cadres" geordnet, die durch das Gerichtsverfahren auferlegt wurden. Im Zuge der Zentralisation der Rechtsprechung entstanden die drei großen Gerichtshöfe von Westminster. Für das gesamte England bestand ein einheitliches königliches Gericht mit einem organisierten Juristenstand. Die Gerichtshöfe der Krone sprachen Recht nach den Gesetzen und Gewohnheiten. Hierauf gründete sich die Vorstellungn einer lex communis, woraus im vereinfachten Sprachgebrauch „the common law" entstand. In diesem Rechtsquellenbereich ist es Aufgabe des Richters, die geänderten Verhältnisse durch sein Judiz zu berücksichtigen und durch diese Interpretation das Recht an die veränderten Umstände anzupassen („case by case"). Den Regeln von equity fiel eine andere historische Aufgabe zu als den Regeln des common law, die durch die hohen Gerichtshöfe ausgearbeitet waren (Nr. 303). Hierzu führt David folgendes aus: «Le Chancelier n'a jamais prétendu modifier le droit tel qu'il avait été dégagé et était appliqué par les Cours de common Law (Nr. 298). Bien au contraire le Chancelier professe son respect pour ce droit; ‹l'équité respecte le droit› (Equity follows the law) est un des axiomes proclamés par la Chancellerie. Respecter le droit, cependant, n'implique pas qu'on doive négliger la loi morale; c'est au nom de cette dernière que le Chancelier, va intervenir. On ne saurait admettre, en effet, que le summum jus aboutisse à une summa injuria[7].»

Im Aufbau der Quellenlehre treten die Gerichtshöfe von Westminster (common law) und der Kanzleigerichtshof *(equity)* wieder hervor. Es wird in diesem Zusammenhange betont, daß das englische Recht ein droit jurisprudentiel ist. Jurisprudenz bedeutet in dieser Quellenlehre „case-law", läuft also auf Rechtsprechung hinaus. Geschichtlich betrachtet hat zwar das Gesetz – im englischen statute genannt – nur eine zweitrangige Rolle gespielt. Eine solche Bewertung hat sich jedoch im Laufe der Zeit nicht mehr einschränkungslos halten lassen. Den Gesetzen und Reglementierungen kommt nun etwa die Bedeutung zu wie entsprechenden Quellen im kontinentalen Europa (Nr. 323).

Was die Quellen des englischen Rechts anbetrifft, so ergibt sich daher nach der französischen Systematisierung folgende Reihenfolge:

---

[7] Siehe René David, zit. S. 11. Hinsichtlich der Lehre von F. W. Meitland, der die besonderen „Cours d'equity" hervorhebt, siehe David, a.a.O., Nr. 294.

I.   = Die Rechtsprechung
II. = Das Gesetz
III. = Die Gewohnheit
IV. = Die Doktrin und die Vernunft

Hinsichtlich des Gewohnheitsrechts stellt der genannte Autor fest, daß das englische Recht niemals ein „droit coutumier" gewesen ist. Vielmehr handelt es sich um ein droit jurisprudentiel. Zur Begründung wird ausgeführt, daß das common law zur Wirkung gehabt habe, das *alte Gewohnheitsrecht* von England, das man in den lokalen *coutumes* fand, verschwinden zu lassen (Nr. 352). Die Bedeutung dieser dritten Rechtsquelle ist daher geschichtlich zu differenzieren.

c) Die englische Verfassungsgeschichte in den Allgemeinen Staatslehren

aa) Die deutsche Allgemeine Staatslehre

H. Krüger[8] legt in der Allgemeinen Staatslehre die Voraussetzungen für die Entstehung des „Modernen Staates" u. a. unter dem Blickpunkt der „Säkularisation" dar. Die „Entgeistlichung" der irdischen Gewalt wird an der Gestalt des Herrschers deutlich gemacht. „Das göttliche Recht der Könige" kommt in der Formel „von Gottes Gnaden" zum Ausdruck. Mit diesem „geistlichen" Argument wird der weltliche Staat des 16. und 17. Jahrhunderts durchgesetzt[9]. In England geschieht dieses, „um mit den auswärtigen Verwicklungen fertig werden zu können". Vor allem war es König Jakob I. von England, der jenes Recht gegenüber dem Volke verfocht[10]. Dem Herrscher wird eine Art von „irdischer Unsterblichkeit" verschafft. Der König wird als „Ein-Mann-Körperschaft" aufgefaßt. Diese tritt gleichsam in zwei Personen auf. In einer natürlichen, die sterblich ist, und in einer künstlichen, die unsterblich ist. Hierauf beruht die Möglichkeit, daß der König das Parlament substituiert. Die Ausdrucksform hierfür ist „the king in parliament"[11]. „Ja selbst die Hinrichtung eines Königs läßt sich mit dieser Konstruktion rechtfertigen."

Im weiteren Verlauf der Untersuchung tritt der „Staat als Repräsentation" in Erscheinung und mit ihm kommen die „gesetzesförmigen Verfassungen". Diese werden als Ordnungen „von Sein und Wirksamkeit des Staates" aufgefaßt. Ausgegangen wird vom Typ der „rigiden" Verfassung[12], die der Wirk-

---

[8] Herbert Krüger, Allgemeine Staatslehre, 2. Aufl. 1966.
[9] S. 47 - 48, unter Hinweis auf J. R. Tanner, Constitutional Documents of the Reign of James I, (Cambridge 1960) S. 9, 15.
[10] S. 48.
[11] S. 171.
[12] S. 292.

lichkeit „ein System unwandelbarer und unbeeinflußbarer Normen" entgegensetzt. Der Gegenpol ist der Staat ohne Verfassungsurkunde d.h. die *ungeschriebene* Verfassung. Diese wird als „flexibel" bezeichnet (nach J. Bryce)[13]. Vergleichsweise betrachtet sind die rigiden Verfassungen im allgemeinen „kurzlebig", weil es ohne weiteres erkennbar ist, daß ihr Text von der Verfassungswirklichkeit überholt ist. Demgegenüber sind die flexiblen Verfassungen eher auf die Dauer angelegt, weil sie der schriftlichen Normierung ermangeln. Das englische Verfassungssystem gehört im Grundsatz der letzten Kategorie an.

Im Rahmen der Analyse der Aufgaben des Staates[14] wird der Verfassungsstaat als die erste Konkretisierung der Idee des Rechtsstaates angesehen. In diesen Gedankengang mündet die konstitutionelle Monarchie ein. Das Volk erscheint wie ein Rechtssubjekt, das neben den Monarchen gestellt wird. In der Staatsform der konstitutionellen Monarchie sei die Möglichkeit zur Überwindung dieses Dualismus angelegt, eine These, die sich jedenfalls für England zu bestätigen scheint[15].

In dem Abschnitt „Staatsgewalt und Untertanengehorsam" wird die Rede auf den Staatsnotstand gebracht. Die Staatsgewalt ist unter bestimmten Umständen „entverfaßt". Hervorgehoben wird, daß man in dieser Hinsicht in England von einer „Reservegewalt" spricht, die in der königlichen „Prärogative" erblickt wird.

Dieser Rechtsstellung des Königs steht aber die Souveränität des englischen Parlaments gegenüber, die Ausdruck einer denkbar umfassenden Kompetenz ist. Krüger drückt dies dahin aus, daß „die englische Staatsgewalt im Parlament konzentriert ist und daß es keine dem Parlament unzugängliche Zuständigkeiten gibt"[16, 17].

---

[13] S. 293.
[14] S. 783ff.
[15] S. 784.
[16] S. 836. Zur Souveränität S. 853ff.
[17] Neuerdings hat K. Hesse die Konstitution als geschriebene Verfassung von neuem charakterisiert, ausgehend von der stabilisierenden und rationalisierenden Wirkung (Grundzüge des Verfassungsrechts der BRD, 15. ergänzte Auflage 1985, Rdn. 32ff.). Im Vordergrunde stehen Rechtsklarheit und Rechtsgewißheit. Die Methode der Auslegung ist die der Textinterpretation. Der Vorzug liegt darin, daß die Gebundenheit an die Urkunde verschiedene Verständnismöglichkeiten mehr oder weniger ausschließt. Der zweifellose Vorzug hat jedoch gegenüber dem englischen Verfassungssystem nicht zu überzeugen vermocht.
Ausdrücklich hervorgehoben wird, daß die geschriebene Verfassungsform die Bindung an ungeschriebenes Verfassungsrecht nicht ausschließt, allerdings nur im Sinne einer Fortbildung der erstgenannten Kategorie.
In dem definitorischen Teil fügen sich des weiteren Ausführungen über die Starrheit und Beweglichkeit ein (Rdn. 36ff.). Die Überlegungen führen zur Abwägung erschwerter oder erleichterter Verfassungsänderung, die vom Verfassungswandel abgehoben wird (Rdn. 39). Mit diesem Phänomen wird die vorliegende Thematik berührt, weil der Verfassungswandel in England Gegenstand der Betrachtung ist. Im Laufe der

I. Einleitung

M. Kriele[18] legt die Wurzeln des „Verfassungsstaates" im England des 17. Jahrhunderts frei. Indem die Ansprüche des Absolutismus von den Gegnern zurückgewiesen werden, entsteht ein gewaltenteilendes System auf parlamentarischer Grundlage[19]. Aus dem Konflikt zwischen dem Absolutismus und dem Verfassungsstaat geht schließlich der Bürgerkrieg hervor (1642 - 1649)[20]. Der englische Staat ist in der ersten Hälfte des 16. Jahrhunderts auch ohne eine geschriebene Verfassung rechtlich „verfaßt".

Die Organe waren nach ihren Kompetenzen einander zugeordnet. Diese Organisation setzte aber voraus, daß sich alle, nämlich der König, das Ober- und Unterhaus sowie die Richterschaft „verfassungstreu verhielten". Die Vorstellung, daß sich ein Organ „zum Alleinherrscher aufzuschwingen trachtete" war in dieses System nicht derart einbezogen, daß eine rechtliche Sicherung bestanden hätte.

In diesem Zusammenhange ergab sich nach Kriele die Kontroverse innerhalb des englischen Volkes, ob die französische Theorie von der Souveränität, die im 16. Jahrhundert entwickelt worden war, auf die politische Situation Englands übertragen werden solle (Kriele setzt sich hierbei mit der Hobbeschen Souveränitätslehre im Hinblick auf die englischen Verhältnisse unter Bezugnahme auf Holdsworth auseinander)[21].

In der letzten Konsequenz war das Bestreben der Absolutisten darauf gerichtet, das gesamte Verfassungsrecht aus dem Wege zu räumen, um die Staatsphilosophie des Absolutismus an die Stelle der verfassungsrechtlichen Normen zu setzen. Der genannte Autor stellt die Frage „Ist das Common Law, das ein ausgebildetes Verfassungsrecht einschließt, verbindlich, solange es nicht auf legale Weise geändert ist, oder soll man die Schwierigkeiten einer Verfassungsänderung überspringen und ohne weiteres statt dem Recht einer *Staatsphilosophie* folgen, die im Interesse der Friedensordnung einem Souverän absolute Vollmachten zuweist?"[22].

Die gesamte Auseinandersetzung wird stark von dem englischen Rechtsbewußtsein, das letztlich dem Freiheitsgedanken entspringt, beeinflußt. Sie ist

---

Untersuchungen wird ersichtlich gemacht werden, daß im Bereich des englischen Verfassungssystems die Konkretisierung des Inhalts der Verfassungsnorm nur in geringem Umfange an textliche Vorgegebenheiten gebunden ist, weil das elastische Gewohnheitsrecht grundsätzlich die rechtliche Grundordnung ist. Gleichwohl bleibt die Verwirklichung von Verfassungsnormen an Normbereiche gebunden, mögen sie an das überkommene oder geschriebene Recht gebunden sein (Rdn. 46ff.). Der Satz, daß es keine Verfassungswirklichkeit contra constitutionem gibt, gilt auch für das englische Recht.

[18] Martin Kriele, Einführung in die Staatslehre, 2. Aufl. 1981.
[19] S. 119.
[20] S. 120.
[21] S. 121.
[22] S. 123.

aber nicht nur eine philosophische, sondern auch eine konfessionelle[23], was sich aus den religiösen Konflikten, vor allem im Hinblick auf die von den „Puritanern erbetenen kirchlichen Freiheiten"[24] und ihre Verweigerung, ergibt[25].

Abgesehen von der politischen und konfessionellen Begründung ist Gewicht darauf zu legen, daß die Geltendmachung der königlichen Prärogativen an sich erfolgt, d. h. auf Grund eines vorgegebenen politischen Prinzipes, das um der traditionellen Macht willen verfochten wird, und zwar nicht nur im Interesse des Königtums, sondern auch dem des mit ihm verbundenen Oberhauses. Es handelt sich daher nicht nur um ein staatspolitisches, sondern auch gesellschaftspolitisches Anliegen. Mit Recht wird hervorgehoben, daß das common law die königliche Prärogative fundamentiert, im Sinne des Satzes „Lex facit regem"[26].

Im einzelnen wird dargelegt, daß die „Souveränitätsansprüche" „kriegsauslösend" waren. Die aus Frankreich übernommene Souveränitätstheorie ging in England dem Bürgerkrieg voraus[27].

---

[23] S. 128.
[24] S. 128.
[25] S. 128.
[26] S. 125.
[27] S. 127. An anderer Stelle (S. 13) betont Kriele, daß die „rule of law" entscheidendes Fundament für die Idee der Freiheit und die Demokratie ist. Der Gedanke geht auf eine angelsächsische Tradition zurück. Das „Common Law" wird unter dem Blickpunkt der Herausforderung gesehen, die besonders von den ersten beiden Stuarts ausgegangen war. Das „Common Law" ist in diesem Zusammenhange insofern interessant, als es verfassungsrechtliche Normen enthielt. Zwischen der naturrechtlichen Staatsphilosophie und der traditionellen Rechtsordnung tritt in der Zeit der Revolution eine eigenartige Antithese auf, und es wird die Frage gestellt, ob der Souveränitätsanspruch der Krone „die Regeln über das Zusammenwirken zwischen König und Parlament" umwerfen kann. Thomas Hobbes stellte sich auf den Standpunkt: „Auctoritas, non veritas facit legem" (S. 123).
Im Hinblick darauf, daß das „Common Law" zur Stützung des freiheitlichen und demokratischen Grundgedankens angeführt wird, ist es kaum zu verstehen, daß es auch die königliche Prärogative fundiert haben soll (so S. 125). Kriele nimmt den Standpunkt ein, daß der Bürgerkrieg vermieden worden wäre, wenn die Engländer das „Common Law", besonders die verfassungsrechtlichen Bestimmungen, preisgegeben und die absolutistische Staatsphilosophie akzeptiert hätten (S. 131). Die Unterstellung steht in einem gewissen Gegensatz zu der abschließenden Feststellung, daß der damalige Fehler darin gelegen habe, daß die philosophische Methode rechtsfremd gewesen sei. Dieses Ergebnis ist unbedingt billigenswert, weil es damals darauf angekommen wäre, annehmbare Vorschläge de lege ferenda zu machen.
Außerhalb der verfassungsrechtlichen und staatspolitischen Würdigung liegt die philosophische Beurteilung der gesamten Lehren, die Hobbes vertreten hat. Zu wenig berücksichtigt wird, daß der Rechtsverzicht zugunsten des Staates, dem die Bürger alle Gewalt einräumen, der Sicherung des Friedens und der Erhaltung ihrer Rechtsgüter dient. Die Unterstellung eines Urzustandes der Menschen, in dem bellum omnium contra omnes besteht, ist lediglich eine philosophische Hypothese für den sog. Unterwerfungsvertrag. Hieraus ist hergeleitet worden, daß der Mensch „als stand- und gestaltloses Vernunftsubjekt, als Untertan" erscheine (Erik Wolf, Große Rechtsdenker,

R. Zippelius hat in seiner Allgemeinen Staatslehre[28] wichtige Staatstypen der Gegenwart, darunter besonders die parlamentarische Demokratie, entwickelt. Vorausgeschickt wird die Geschichte des Parlamentarismus, die von Frankreich auf England übergeht. Bereits in der Tudorzeit wurde das Parlament wie eine Repräsentation der „Gesamtnation" angesehen, weil sich jeder Engländer darin vertreten sah. Die Wandlungen des englischen Parlamentarismus, die im 17. Jahrhundert stattfanden, werden von dem Autor in einem verfassungsgeschichtlichen Überblick stufenweise geschildert.

Die erste Vorstufe ist, daß die beiden Könige, Jakob I. und Karl I., versuchten, ein Regierungssystem nach absolutistischen Grundsätzen und Zielsetzungen zu verwirklichen. Den Bestrebungen setzte sich das Parlament heftig entgegen. Die zweite Stufe ist, daß zwischen dem König und dem Parlament Streitigkeiten über die Rechte des Parlamentes entstehen[29]. Diese nötigten den König zur Bestätigung der überkommenen Rechte und Freiheiten. Der Vorgang ist unter der Bezeichnung „Petition of Rights" (1627) in die englische Verfassungsgeschichte eingegangen.

In der dritten Stufe des Gesamtablaufes löste der König 1629 das Parlament auf. Im Anschluß fand das persönliche Regiment Karls I. statt, in dem er elf Jahre ohne Parlament regierte, bis er schließlich im Jahre 1640 zuerst das „Kurze" sodann das „Lange Parlament" einberief.

Am Ende der gesamten Entwicklung steht die „puritanische" Revolution, die in die bereits erwähnten Bürgerkriege ausartete. Auf der letzten Stufe entstand das Commonwealth. Die Monarchie verwandelte sich in eine Republik (1649)[30]. Zippelius spricht von einem „Parlamentsabsolutismus" des Langen Parlaments[31], in dem nur die Opposition gegen den König vertreten war, und zwar unter der Leitung von Pym, Hampden und Cromwell[32]. Es kam später zu Verfassungsreformen, die noch zu erörtern sind.

bb) Die österreichische Allgemeine Staatslehre

F. Ermacora[33] erläutert in seiner Allgemeinen Staatslehre die Grundzüge des politischen Systems der Staaten der westlichen Gesellschaftsordnung. Im

---

2. Aufl. 1944, S. 288 ff.). Die Folgerung ist dann, daß an die Stelle des Volkes der Staat tritt und an die Stelle der Rechtsordnung die Macht (Wolf, a. a. O., S. 289). Die Auslegung des unterstellten Vertrages hat zu berücksichtigen, daß die einzelnen den Schutz eines humanen Lebens erhalten.

[28] Reinhold Zippelius, Allgemeine Staatslehre, 8. Aufl., 1982.
[29] S. 380.
[30] S. 380.
[31] S. 380.
[32] R. Sieper, The Student's Companion to Britain, 1967, S. 41.
[33] Felix Ermacora, Grundriß einer Allgemeinen Staatslehre, 1979.

Anschluß an Hauriou behandelt er die Institutionen in den entsprechenden Regierungssystemen. Von besonderem Interesse sind dabei die Verfassungen, die „Bedürfnissystem und Kräfte" in ein System des Rechts umwandeln. Auf diesem Wege wird das Gesellschaftssystem „verfaßt"[34].

Wie der Genannte ausführt, hat sich zum ersten Mal in der Geschichte Englands die „Herrschaft Cromwells" an einer geschriebenen Verfassung im Jahre 1653 versucht. Jedoch wird hierdurch noch *keine* Tradition begründet, denn die eigentliche Ära der geschriebenen Verfassungen beginnt erst mit der Bundesverfassung der Vereinigten Staaten von *Amerika* von 17. September 1787 und der ersten *französischen* Revolutionsverfassung vom 3. September 1791. Betont wird, daß heute alle Staaten, die zum westlichen Regierungssystem gehören, Verfassungen in Gestalt von Verfassungsurkunden haben, jedoch allein Großbritannien keine solche besitzt, sondern nur einzelne Verfassungsgesetze[35].

Ein Unterabschnitt erörtert die Entscheidungsstellen im westlichen Regierungssystem, wobei die Mehrdeutigkeit des Ausdruckes Regierung dargetan wird. Regierung im funktionellen Sinne sind „Regierung, Parlament, Staatsoberhaupt, Verfassungsgerichtsbarkeit"[36]. Nach dieser Gliederung ist das Parlament an der Regierung im funktionellen Sinne beteiligt[37]. Die Wandlung des Ständeparlaments zum Parteienparlament zieht sich durch die Jahrhunderte in verschiedenen Erscheinungsformen, besonders gegliedert nach Kammersystemen. Als Modell aller Parlamente wird das englische hingestellt, das bis auf die Magna Carta zurückgeht. Als Funktionen werden die Gesetzgebung und die verschiedenen Formen der Regierungskontrolle genannt[38]. Was die Organisation des Parlamentes angeht, so liefert wiederum die englische Verfassung Modelle[39]. Ein wesentliches Element des erörterten Phänomens ist die „Opposition", die mehr oder weniger durch verfahrensrechtliche Regeln geordnet wird, in England vor allem durch Conventions und standing rules[40].

In seinem Werk „Menschenrechte in der sich wandelnden Welt, Band I, Wien 1974" ist Ermacora auf die Entwicklung des Menschenrechtsgedankens unter Hinweis auf W. Blackstone, Handbuch des Englischen Rechts, eingegangen[41]. Die historische Grundidee ist, daß die Freiheiten der einzelnen durch „regiersüchtige, tyrannische Fürsten unterdrückt wurden". Die Rechte

---

[34] S. 91.
[35] S. 92.
[36] S. 108. Gegenübergestellt werden u. a. die organisatorische und faktische Regierung.
[37] S. 111.
[38] S. 112.
[39] S. 112.
[40] S. 113.
[41] S. 173 ff.

des einzelnen werden auf drei Urrechte zurückgeführt, nämlich das Recht persönlicher Sicherheit, persönlicher Freiheit und des Privateigentums. Hinzugefügt wird noch das Recht eines jeden Engländers, daß er sich an die Gerichtshöfe wenden kann, um im Falle der Beeinträchtigungen sein Recht durchzusetzen.

Die neuere Kommentierung des österreichischen Verfassungsrechts[42] unterscheidet unter den Verfassungswissenschaften systematisch die Verfassungsrechtslehre, Verfassungsgeschichte und Verfassungslehre, ferner die Verfassungspolitik und die vergleichende Verfassungswissenschaft. Hinzutreten die Allgemeine Staatslehre und die Politikwissenschaft[43, 44].

cc) Englische Verfassungsgeschichte

J. Hatschek hat die englische Verfassungsgeschichte in einem grundlegenden Werk bearbeitet, das unlängst in einer, mit umfangreichen Literaturnachträgen ausgestatteten zweiten Auflage erschienen ist[45]. In dem II. Abschnitt wird im Anschluß an den Feudalstaat der Ständestaat dargestellt. Nacheinander werden behandelt: die Stände, der König und das Parlament. In letzter Hinsicht tritt der Repräsentativgedanke hervor. Außerdem wird das Zweikammersystem gewürdigt (Oberhaus und Unterhaus). Die Funktionen des Parlaments sind außer der Gesetzgebung und Steuerbewilligung die Gerichtsbarkeit.

Im Rahmen der Zentralverwaltung wird der Staatsrat vom Parlament getrennt. Nach Erörterung der Lokalverwaltung und der Stadtverfassung werden die Rechtspflege, das Heerwesen und die Finanzverwaltung behandelt. Am Ende dieses umfangreichen Abschnittes steht die Entwicklung der englischen Staatskirche[46].

Im folgenden Abschnitt, der den Gegenstand der vorliegenden Untersuchung betrifft, handelt es sich um den Kampf der absoluten und konstitutionellen Monarchie um die Vorherrschaft[47]. Gegliedert wird nach der Monarchie unter den ersten Stuarts (1603 - 1649) und der Staatsform der Republik

---

[42] Adamovich / Funk, Österreichisches Verfassungsrecht, Wien, New York, S. 20 ff.; F. Ermacora, Österreichische Verfassungslehre, I, (1970), II (1980). Literatur b. Brauneder, Österr. Verfassungsgeschichte, nach XII.
[43] Adamovich / Funk, a. a. O.
[44] Siehe neuerdings P. Pernthaler, Allgemeine Staatslehre und Verfassungslehre, 1986.
[45] Julius Hatschek, Englische Verfassungsgeschichte bis zum Regierungsantritt der Königin Viktoria, 2. Aufl., verb. u. erg. Neudruck der Ausgabe München 1913 mit umfangreichen Literaturnachträgen, Hrsg. Walther Kienast u. Gerhard A. Ritter, Aalen 1978.
[46] S. 168 - 325.
[47] S. 325 ff.

(1649 - 1660) sowie dem restaurierten Königtum unter Karl II. (1660 - 1685) und der nachfolgenden konstitutionellen Monarchie.

Nach der Abschaffung der Monarchie und des Oberhauses[48] wurde ein council of state gleichsam als Träger der Exekutive eingerichtet, der zum größten Teil aus Unterhausmitgliedern bestand[49]. Das nunmehrige Gemeinwesen hieß „Commonwealth and Free State".

In der Aera der Republik brachen die mehrfach angedeuteten Verfassungskämpfe aus, die vornehmlich unter den Presbyterianern und der Militärpartei (den Independenten) stattfanden. Die Verfassungsinitiative lag vorerst in den Händen der Armee. Ihr Entwurf wurde als „Agreement of people" dem Unterhaus 1649 vorgelegt. Jedoch ließ ihn das Rumpfparlament auf sich beruhen, weshalb es Cromwell (in gesetzwidrigerweise) auflöste. Denselben Weg ging auch das folgende Parlament, das er als Militärdiktator im Juli 1653 einberief (sog. Barebones parliament)[50]. In diesem Jahre (16. XII) erging jenes bereits erwähnte „Instrument of Government", das Gegenstand einer Kommentierung in der vorliegenden Untersuchung sein wird.

Im Jahre 1654 begann sich die Spannung zu entladen, als auf der verfassungsrechtlichen Basis wiederum ein Parlament gebildet wurde, das die Regierungsakte des zum Protektor ernannten Cromwells streng kritisierte und sogar eine Revision der Verfassung anstrebte[51]. Nachdem er sich auch hiervon getrennt hatte, etablierte er 1655 eine abermalige Militärdiktatur mit den Generalmajoren als einer „Unterbehörde"[52]. Ihre Kompetenzen wurden allerdings zurückgezogen, als 1657 – gegen Ende des Lebens Cromwells – sein letztes Parlament eingesetzt wurde. Nochmals wurde ein Verfassungsentwurf vorgelegt (genannt „humble petition and advice"), worin ein Oberhaus vorgesehen war, dessen Mitglieder der Protektor mit Zustimmung des Unterhauses zu ernennen hatte. Als die beiden Kammern untereinander in einen Streit gerieten, nahm ihn Cromwell gleichsam zur Veranlassung, zum letzten Mal nunmehr das ganze Parlament aufzuheben[53, 54].

Einen „Abriß der Verfassungsgeschichte" hat K. Loewenstein in seiner Abhandlung „Staatsrecht und Staatspraxis von Großbritannien" verfaßt[55]. Vorweggenommen werden die Anfänge der Repräsentativtechnik und des Parlaments. Es folgt der Aufstieg des Parlaments. Ein Rahmenabschnitt ist

---

[48] Commons Journals IV, S. 132 ff.
[49] S. 338.
[50] S. 340.
[51] S. 340.
[52] S. 341.
[53] S. 341.
[54] Mit dem Verfassungsentwurf wurde zugleich das Angebot der Königskrone verbunden, die Cromwell ablehnte.
[55] Berlin, Heidelberg, New York, 1967.

I. Einleitung

der konstitutionellen Monarchie von den Tudors bis zur Glorreichen Revoluton (1688) gewidmet. Abteilungen sind der Tudor-„Despotismus" und die Verfassungsentwicklung während der puritanischen Revolution. In dem letztgenannten Kapitel führt Loewenstein aus, daß die dann folgende „Republik" alsbald in Cromwells „Militärdiktatur" übergegangen sei, die sich eine geschriebene Verfassung zugelegt habe. Sowohl die Republik als solche wie auch jene Art der Verfassung seien ein einmaliges Ereignis der englischen Verfassungsgeschichte gewesen. Er meint, das Instrument of Government sei eine „handfeste Verfassungsordnung" gewesen, die ihrer Zeit weit vorausgeeilt sei. Jedoch habe sich die Ordnung nicht durchsetzen können, weil der Staat weder für die Republik noch für eine geschriebene Verfassung reif gewesen sei[56].

Die Verfassungsgeschichte kann sich als Disziplin mehr der Rechtswissenschaft oder mehr der allgemeinen Geschichte zuneigen. In letzter Hinsicht ist besonders aus der Gegenwart das Werk von K. Kluxen[57] zu nennen. Einschlägig sind die beiden Abschnitte „Der Weg in die Revolution"[58] sowie „Commenwealth und Protektorat"[59]. Der letzte Teil beginnt mit der Errichtung der parlamentarischen Republik sowie den Kriegen mit Irland, Schottland, Holland und Spanien. Die beiden letzten Kapitel wenden sich dem Parlament der Heiligen und dem Protektorat zu[60]. Die Restauration und glorreiche Revolution werden zusammengefaßt[61].

Nicht zuletzt sind die rechtsgermanistischen Perspektiven, die auf das englische Recht gerichtet sind, in dem Kapitel Einführung und Grundlegung zu erwähnen. Im Vordergrund steht zwar zumeist das Privatrecht, gelegentlich wird aber auch das öffentliche Recht erwähnt. Typisch sind hierfür enzyklopädische Darstellungen wie früher bei E. Heymann und zuletzt bei H. Peter[62], der auf die Versuche der Dynastien (1485 - 1714) hinweist, der Krone die souveräne Gewalt zu verschaffen. Die Abwehr „durch das Parlament, durch Puritaner und Nonkonformisten, durch die Republik Cromwells (1648 - 1660) und schließlich durch die „glorious revolution" habe für alle Teile des englischen Rechts Wirkungen gehabt, die bis heute dauern.

---

[56] S. 13.
[57] Kurt Kluxen, Geschichte Englands, 3. Aufl. 1985.
[58] S. 87 ff.
[59] S. 326 ff.
[60] S. 334 ff.
[61] S. 345 ff. (im folg. Kap.).
[62] Handwörterbuch der deutschen Rechtsgeschichte, I. Bd. S. 926 ff.

dd) Das Regierungssystem in der englischen Theorie

Jennings-Ritter[63] haben neuerdings das britische „Regierungssystem" unter Berücksichtigung der Verfassungsarten erläutert. Am Anfang steht naturgemäß die ungeschriebene Verfassung. Der Ausgangspunkt ist die Überlegung, daß die britische Verfassung formell niemals beschlossen wurde. Vielmehr ist sie geschichtlich gewachsen. Daß die britische Verfassung ungeschrieben ist, bewirkt nach dieser Anschauung, daß „die *Geschichte* ein *Teil* der Verfassung" ist[64]. Im Gegensatz zu den Staaten, deren Konstitution in einer Urkunde niedergelegt ist, wird die Geschichte in Großbritannien selbst *als Text* gedeutet. Im Grundsatz geht man hierbei von einer ununterbrochenen Entwicklung aus, in welcher der Bürgerkrieg (1642 - 1649) wie eine Ausnahme angesehen wird. Denn nach Beseitigung der Republik schließt sich die nunmehrige Monarchie an die vorrevolutionäre Monarchie an[65].

Das Rechtssystem entwickelt sich auf der Grundlage historischer Traditionen der verschiedenen Formen der Monarchien. Aus der feudalen Monarchie entstand die konstitutionelle, aus der wiederum – in späterer Zeit – die parlamentarische hervorging. Bei dem Wandel wurden die Vorteile der Monarchie beibehalten, wohingegen „die Nachteile des Republikanismus" vermieden worden sind. Zugegeben wird, daß auch bei geschriebenen Verfassungen an der Monarchie festgehalten werden kann, wofür neuere Beispiele in den Dominien zeugen. Die Lehre von der ungeschriebenen Verfassung geht davon aus, daß die politische Entwicklung des Staates an eine innere Gesetzmäßigkeit gebunden ist, auf Grund deren die „Evolution" vonstatten geht. Das Gegenteil ist die Revolution, die bei den *prinzipiellen* historischen Überlegungen als treibende Kraft ausscheidet. Sie befindet sich daher von vornherein in einer Ausnahmeposition, für die es keine besonderen Grundsätze gibt. Es liegt auf der Hand, daß die Revolutionäre das rechtliche Mittel der geschriebenen Verfassung vorziehen, weil sie die neugeschaffene Grundordnung dem politischen Gesamtbewußtsein in sichtbarer und unverbrüchlicher Weise offenkundig machen wollen. Hiermit soll zugleich die frühere Ordnung der Dinge, die als überwunden betrachtet wird, verdeckt werden. Zu dieser Argumentation tritt die Überlegung hinzu, daß die Interessen und Rechte der Revolutionäre in jeder Verfassungsurkunde ausdrücklich festgelegt werden sollen, damit spätere Regime die hinzugewonnenen Positionen nicht in Abrede nehmen. Die vorstehende Charakteristik trifft besonders auf die Umwälzung zu, die Cromwell in die Wege leitete, weil er an die Stelle des absoluten Königtums die parlamentarische Republik zu setzen versuchte, wozu aller-

---

[63] Jennings-Ritter, Das britische Regierungssystem, 2. Aufl. 1970, S. 25 ff.
[64] Jennings-Ritter, a. a. O., S. 29.
[65] Karl II. übernimmt nach seiner Rückkehr die Regierung mit einer Zeitrechnung, als wäre er unmittelbar nach dem Tode seines Vaters (1649) auf den Thron gekommen.

I. Einleitung

dings gesetzliche Akte, die *zusammen* eine Verfassung darstellen sollen, notwendig waren.

Im allgemeinen ist die britische Verfassung nicht das Produkt einer Ideologie oder Regierungstheorie, sondern das Ergebnis gesammelter politischer Erfahrung. Ein beherrschender Faktor ist hierbei das bereits früh entwickelte Phänomen des Parlamentarismus. In der Verfassungslehre wird das Parlament mit dem Freiheitsgedanken in eine innere Verbindung gebracht (siehe hierzu a.a.O. S. 26ff.). Die Formulierung lautet, daß es „ohne Parlament" „keine Freiheit" und ohne Freiheit kein Parlament gibt. Derartige Postulate entspringen allgemeinen Verfassungstraditionen, nicht persönlichen Ideologien, die gefürchtet werden, weil sie den Stempel des Autors tragen. Hobbes, Locke u.a. haben Verfassungstheorien vertreten, hatten aber nicht den Auftrag, eine Verfassung zu entwerfen.

Was das Regierungssystem anbetrifft, so wird Kritik an der Ansicht geübt, daß das Parlament aus dem König, dem Ober- und Unterhaus besteht. Das Parlament setzt sich vielmehr aus den „geistlichen und weltlichen Lords, den Gemeinen (Commons)" und dem König zusammen, die alle miteinander im Parlament versammelt sind (Jennings-Ritter, S. 29). Fundament des gesamten Systems ist das Common Law, das als allgemeines Recht einst aus feudalem Recht und angelsächsischem Brauchtum durch die Rechtspflege gestaltet wurde. Im Jahre 1641 erging ein Gesetz des „Langen Parlaments", das die prärogative Gerichtsbarkeit des Königs, die nicht nach Common Law urteilte, beseitigte. Einst im Mittelalter hatte das Königtum Mittel zur Beherrschung der Untertanen ins Werk gesetzt, jetzt im 17. Jahrhundert richteten sich diese ehemaligen Werkzeuge des Königs gegen ihn selbst, denn die Ordnung des Rechts gilt „sowohl für den König als auch für seine Untertanen" (Jennings-Ritter, S. 32).

In den vorstehenden Gedankengang werden die Commons eingeführt, denen ein Recht auf Teilnahme an der Regierung im weitesten Sinne des Wortes zuerkannt wird: „sie machten sich nicht nur Gedanken über die Vorschläge, die der König ihnen machte, sondern sie unterbreiteten auch ihre eigenen Vorschläge..."[66].

---

[66] In diesem Zusammenhange ist die Rede von dem englischen Bürgerkrieg, der sich als ein „Konflikt zwischen der wachsenden Selbstherrlichkeit der Krone und der wachsenden Oligarchie der Mittelklasse" zu entfalten begann.

II. Vorstufen des „Instrument of Government" als einer „geschriebenen Verfassung"

1. „King and Commons"

Unter Vorstufen werden Ausschnitte aus der Verfassungsentwicklung in der Zeit der ersten Stuarts bis zum Instrument of Government verstanden. Ausgewählt werden einige Parlamentskonflikte, Bestimmungen der Petition of Rights sowie Urkunden des Überganges von der Monarchie zur Republik.

Der Konflikt des Königs mit dem Parlament begann bereits am Anfang der Regierungszeit Jakobs I., der mehrfach in die Rechte der Commons eingriff, so z.B. im Bereich der Wahlprüfung und Immunität. Ihr Protest trug den Titel: "A Form of Apology and Satisfaction to be delivered to his Majesty"[67]. Das Unterhaus verteidigte hierin seine Privilegien, deren Verletzung nach seiner Auffassung ein Verfassungsbruch sei; die Argumentation gipfelt in der Vorstellung, daß sich die Kammer sogar als Gerichtshof verstehe, besonders im Hinblick auf die Wahlprüfungen. Hieraus erklärt sich auch, daß das Unterhaus den Weg des impeachment gegen Buckingham beschritt, das vor das Oberhaus gebracht wurde. Eine heftige Diskussion entstand dadurch, daß die Commons Einspruch gegen das Verordnungsrecht der Krone erhoben, das sich Jakob I. zur Erhöhung von Steuern anmaßte. Ein anderer Beschwerdepunkt lag in den Monopolen, die der König aus finanziellen Gründen in willkürlicher Weise verlieh. Im Jahre 1624 erging ein Gesetz gegen Mißbrauch mit Monopolen[68].

Wie bereits oben angedeutet wurde, lösten die ersten beiden Stuarts des öfteren das Parlament auf, um aus eigener Machtvollkommenheit ihre politischen Ziele zu verfolgen, so Jakob I. bereits im Jahre 1611. Mitunter tagte das Parlament deshalb nur kurze Zeit, wodurch Vakanzen eintraten z.B. 1614 bis 1621, 1629 bis 1640. Anlässe zu derartigen Unterbrechungen waren Konflikte, insbesondere solche, die dadurch entstanden waren, daß das Parlament dem König die Mittel zur Kriegführung verweigerte. Dies geschah z.B. 1626 im Krieg gegen Spanien. Bereits in der Zeit von 1611 bis 1620 regierte Jakob I. ohne Parlament. Aus derartigen Unterbrechungen entstand die Vorstellung eines persönlichen Regimentes des Monarchen. Nach einem längeren Streit Karls I. mit dem Parlament (1625 - 1629) begann sein persönliches Regiment, das „the Eleven Years' Tyranny" bezeichnet wurde. In der parlamentslosen Phase behandelten die lokalen Instanzen der Verwaltung und gegebenenfalls die Gerichte die schwebenden Streitfragen weiter. So wurden beispielsweise Steuerauflagen der Krone anhängig gemacht und die Gesetzmäßigkeit königlicher Auflagen im Verfahren nach Common Law Recht nachgeprüft (Kluxen,

---

[67] Hatschek, a.a.O., S. 331.
[68] Hatschek, a.a.O., S. 333.

II. Vorstufen des „Instrument of Government"

a.a.O. S. 264). Der König war in der parlamentslosen Zeit darauf angewiesen, ohne gesetzliche Ermächtigung Geldmittel zu beschaffen. Die eigenmächtige Ausschreibung von Schiffsgeld in den Jahren 1634ff. führte zu Streitigkeiten mit dem Parlament. Die Auseinandersetzung um das Schiffsgeld spitzte sich gerichtlich zu, als John Hampden die Zahlung hartnäckig verweigerte, jedoch verharrten die Commons auf ihrem ablehnenden Standpunkt. Die Folge war, daß der König das (kurze) Parlament auflöste (s. u.). Es schloß sich das sog. lange Parlament an, das schließlich das Ende des englischen Königtums herbeiführte[69].

2. Petition of Rights (1628)

Unterdessen war die Grundsatzfrage gestellt worden, ob das monarchische Regierungsprinzip überhaupt noch die Funktion des Parlaments nach den überkommenen Rechtsgrundsätzen zuließ. Unter diesem rechtlichen Aspekt ist die bekannte Petition zu begreifen, die die geistlichen und weltlichen Lords und Gemeinen dem König unterbreiteten. Das Gesuch betraf allgemein ausgedrückt „Rechte und Freiheiten der Untertanen". Auf diese Weise wurde der König in öffentlicher und allgemeiner Weise zur Rede gestellt. Den Inhalt bildeten die hauptsächlichen Grundsätze der „Bürgerfreiheit". Es handelte sich in erster Linie um das Verbot der Erhebung von Abgaben ohne Zustimmung des Parlaments sowie um die Verhaftung eines Beschuldigten ohne Mitteilung der konkreten Gründe. Außerdem ging es um militärische Einquartierung sowie die Anwendung des militärischen Standrechts in Zeiten des Friedens.

Die Petition wird dem König von dem im Parlament versammelten geistlichen und weltlichen Lords und Gemeinen unterbreitet. Inhaltlich bezieht sich das Gesuch auf Rechte und Freiheiten der Untertanen. Das Parlament erwartet hierauf eine Antwort des Königs. In der Einleitung nimmt die Petition Bezug auf ein „Statutum de Tallagio non concedendo" aus der Regierungszeit König Eduards I. sowie auf einen Beschluß des Parlamentes, das im 25. Regierungsjahr Eduards III. tagte[70]. Hiernach dürfen in England keine Abgaben oder Beihilfen von dem König erhoben werden, ohne daß die Lords, Ritter, Bürger sowie andere Freien zustimmen. Außerdem soll niemand zur Gewährung eines Darlehens gezwungen und mit Abgaben belastet werden, die eine Benevolenz bedeuten. Infolgedessen ist zur Erhebung von Steuern, Abgaben und ähnlichen Leistungen die allgemeine Zustimmung des Parlaments erforderlich. Dessen ungeachtet sind – so die Petition – unlängst Beamte angewiesen worden, von den Untertanen zu fordern, dem König

---

[69] Einzelheiten zum Verlauf des Schiffsgeldstreites und zum Zusammenhang mit dem schottischen Feldzug siehe bei Hatschek, S. 335.
[70] Text der Petition bei P. C. Mayer-Tasch, a.a.O., S. 232ff.

Geldbeträge zu leihen. Der Protest richtet sich vor allem dagegen, daß bei dieser Gelegenheit ein Eid abverlangt, außerdem dem Untertanen die Verpflichtung auferlegt wird, sich vor der Obrigkeit zu verantworten. Im Falle der Weigerung drohten den Betroffenen mitunter sogar Verhaftung und Verbannung.

Die Petition stützt sich u. a. auf „den großen Freibrief von England"[71], wonach „kein freier Mann ergriffen, eingekerkert oder seines Besitzes, seiner Freiheiten und Gerechtsamen beraubt werden oder geächtet oder verbannt oder auf irgendeine andere Weise zugrundegerichtet werden kann"[72], es sei denn, daß ein rechtmäßiges Urteil zugrundeliegt. Eine weitere Bestimmung machte jede Bestrafung davon abhängig, daß dem Beschuldigten vorher eine ausreichende Gelegenheit geboten wurde, sich in einem ordentlichen Gerichtsverfahren zu verantworten. Im Falle einer Verhaftung sind stets die Gründe im einzelnen anzugeben. Es genügt daher nicht, die Festnahme lediglich auf einen Befehl „Eurer Majestät" zu stützen. In jedem Falle ist den Verhafteten Gelegenheit zu geben, daß sie sich den Gesetzen gemäß verteidigen können. Dies setzt voraus, daß im Falle eines Verdachtes eine Anklage erhoben und dem Beschuldigten zur Kenntnis gebracht wird.

Im Mittelpunkt der Petition steht der Grundsatz, daß niemand entgegen der Magna Charta an Leib oder Leben bestraft werden darf, es sei denn auf der Grundlage der bestehenden Gesetze und Statuten[73]. Diese sind in Friedenszeiten die ausschließliche Rechtsgrundlage für die Verurteilung der Täter. Es wird daher verlangt, daß „die Vollmachten, nach Kriegsrecht zu verfahren, widerrufen und für ungültig erklärt werden mögen". Ein summarisches Verfahren „wie es dem Kriegsrecht entspricht und wie es zu Kriegszeiten in den Heeren geübt wird", ist während des Friedens unzulässig. Frühere Urteile und Verfahrensweisen sollen nicht zum Schaden des Volkes als Beispiele angeführt werden.

Die vorstehende „Petition of Rights" wurde nicht als Bill eingereicht, weil der König zu einer sofortigen Erwiderung gebracht werden sollte. Er erteilte zunächst widerwillig sein Einverständnis, überging aber das Parlament dadurch, daß er von 1629 bis 1640 parlamentslos regierte.

3. Grand Remonstrance (1641)

Am 22. November 1641 beschloß das Unterhaus auf Anregung von John Pym die sog. Grand Remonstrance, die im inneren Zusammenhang mit der Petition of Right steht, denn der König wird aufgefordert, sich an das dama-

---

[71] P. C. Mayer-Tasch, a. a. O., S. 233.
[72] Petition of Rights, Ziffer 3.
[73] Petition of Rights, Ziffer 7.

II. Vorstufen des „Instrument of Government"

lige Zugeständnis zu halten. Im Grunde genommen handelt es sich um einen Appell an das *Volk,* dem die politischen Fehler der königlichen Regierung vor Augen geführt werden. Überdies wird der Grundsatz aufgestellt, daß die Minister nur mit Zustimmung des Parlaments ernannt werden können. Es ging dabei um die Kontrolle der ausführenden Gewalt durch das Parlament. Ferner wird eine Unterstützung der Lords verlangt, „die aber zuvor von den Bischöfen befreit werden müssen". Zugleich ergeht an den König die Aufforderung, alle seine bisherigen Konzessionen an die Kirche aufzugeben[74]. Der Remonstrance ging es hierbei darum, dem Parlament einen wirksamen Einfluß auf die Kirche zu verschaffen.

Mit der Hinrichtung von Strafford (Mai 1641) brach das System des absoluten Königtums zusammen. Die sich anschließende Herrschaft des Parlaments war jedoch nicht weniger willkürlich. Der Umschwung zeigte sich bereits in dem Gesetz, wonach es in Zukunft nicht ohne seine Zustimmung aufgelöst werden konnte. Überdies bestimmte der „Triennial Act" (1641), daß mindestens alle drei Jahre ein Parlament einzuberufen sei.

Was die Gerichtsbarkeit anbetrifft, so wurde, wie schon angedeutet, die Sternkammer – ein königlicher Gerichtshof – abgeschafft. Dadurch endete die königliche Gerichtskontrolle, was zugleich ein Schritt zur Unabhängigkeit der Rechtsprechung von der Verwaltung war. Die weitere Entwicklung stand im Zeichen des irischen Aufstandes von 1641, den der Klerus begünstigte. Der Gegensatz zur konfessionellen Einstellung des Parlaments wurde hierdurch herausgefordert, denn es war „antiirisch und pro-presbyterianisch" eingestellt[75]. „Damit hatte sich nach dem calvinistisch-presbyterianischen Element in Schottland das katholische Element in Irland gewaltsam zur Wehr gesetzt", und zwar „die Protestanten gegen die Krone, die Katholiken gegen das Parlament"[76]. Kluxen meint, daß es ohne Schottland und Irland damals kaum eine Revolution gegeben haben würde, und namentlich keine solche Steigerung der Auseinandersetzung ins Religiöse[77]. Der konfessionelle Streit übertrug

---

[74] Hatschek, a.a.O., S. 336.
[75] Kluxen, a.a.O., S. 304ff.
[76] Kluxen, a.a.O., S. 305.
[77] Kluxen, a.a.O., S. 305. Die Rebellion in Schottland verlief in mehreren Phasen, von denen die erste in die Zeit des „kurzen Parlamentes", die zweite in den Bürgerkrieg, in dem die Schotten die „Round-heads" unterstützten, fällt. Der nächste Aufstand fand in der Aera des Commonwealth (1649 - 1653) statt. Schottland wurde in diesem Krieg von Cromwell besiegt (Worcester 1651). Hierauf gründete sich die spätere Vereinigung mit England. Eine nähere Erörterung bleibt einer besonderen Darstellung vorbehalten. Hier wird hervorgehoben, daß sich die Schotten bereits während des persönlichen Regiments Karls I. unter der Fahne des „Covenant" erhoben. Der geschichtlich bedeutsame Bund ging der Idee nach auf den Reformator John Knox zurück. Hierauf gründeten sich die Zusammenschlüsse schottischer Presbyterianer. Die Bewegung war im ganzen gesehen auf Stärkung des Puritanismus gerichtet, bewahrte aber ihren schottischen Ursprung. Der Covenant protestierte 1638 heftig gegen das neue „Prayer Book", das der König den Schotten 1637 auferlegt hat. Außerdem wand-

sich auf das englische Parlament, das sich in verschiedene Richtungen spaltete. Im wesentlichen bildeten sich drei Tendenzen, von denen die eine zur Bischofskirche neigte, die andere die Gewalt der Bischöfe durch eine Klerikerversammlung beschränken wollte. Demgegenüber wandte sich die dritte Gruppe grundsätzlich gegen das hierarchische System überhaupt. Karl I. hatte die von William Laud eingeschlagene Richtung, nämlich die Hochkirche in der anglikanischen Kirche, unterstützt. Das Lange Parlament, dessen maßgebende Mehrheit aus Gegnern des Königs bestand, nämlich u. a. Pym, Hampden und Cromwell, nahm sogar Exekutionen vor und löste das Episkopat auf.

4. Die Abschaffung der Monarchie

Nachdem ein Versuch Karls I., durch bewaffnetes Eindringen in das Parlament führende Persönlichkeiten zu verhaften, um gegen sie die Anklage zu erheben, gescheitert war, bildeten die Gegner eine Gegenregierung, denn der Bruch zwischen dem König und dem Parlament schien nunmehr endgültig. Das Parlament nahm bereits im Stadium der Unterdrückung der Rebellionen in Schottland und Irland[78] den Befehl über die Truppen für sich in Anspruch. Oliver Cromwell erhielt den Befehl über die Parlamentsarmee unter dem

---

ten sie sich gegen die Wiedereinführung des Episkopates. In dem Covenant vermischten sich mit dem Klerus adelige und mittelständische Kreise. Die Sanktion des schottischen Parlaments fehlte im Grunde genommen, jedoch entsandte die schottische Kirchenversammlung Truppen nach Nordengland. Der englische König wich mit seinen Truppen zurück. Auf Grund eines Waffenstillstandes machte er zunächst Konzessionen, stellte aber finanzielle Ansprüche. In dieser Situation setzten sich Sir Thomas Wentworth (Earl of Strafford u. Lord Deputy of Ireland) und Erzbischof Laud für die Fortsetzung des Krieges ein. Unterdessen hatte sich das „kurze Parlament" geweigert, Geld für die Kriegführung gegen die Schotten zu bewilligen. Die Folge war die Auflösung.

Das „lange Parlament" rollte nunmehr alle mit dem Krieg zusammenhängenden politischen Verhältnisse auf. Es brachte auch das Gerichtsverfahren gegen Stafford in Gang. Mit seinem Fall begann der Zusammenbruch des monarchischen Systems. Im Jahre 1641 bewilligte das Parlament die Mittel zur Erfüllung der schottischen Ansprüche, die auf Ersatz der Kosten des Feldzuges gerichtet waren. Im Parlament bildeten sich in jener Zeit die im Text angedeuteten Gruppen konfessioneller Richtungen, die verschiedene Organisationen anstrebten. Eine radikale Gruppe forderte die Beseitigung aller kirchlichen Titel und Amtsträger, das hierarchische System zu beseitigen („Root and Branch Petition" vom 8. Februar 1641). Die wachsende Machtstellung des Parlaments löste einen religiös-kirchlichen Dualismus aus, der bereits den Keim des Bürgerkrieges in sich trug.

Nach Abschaffung der bischöflichen Kirche unter Cromwell setzte sich mit Hilfe der Schotten der puritanische Presbyterianismus durch.

[78] Eine Gesamtdarstellung der ineinander verschlungenen Beziehungen zwischen England und Irland im 17. und 18. Jahrhundert überschreitet den Rahmen der Aufgabe. Unlängst hat P. Levack, Collier's Encyclopedia, 1965, S. 253ff., „Ireland" vor allem nach Dynastien gegliedert dargestellt, ähnlich wie in diesem Werk auch Schottland von Donaldson, S. 207ff. erörtert wird. Unter Heinrich VIII. galten alle englischen Gesetze, besonders auch Strafgesetze, ebenso für Irland. Der Herrscher erkannte aber „property rights" und „heirs Irik chiefs" an. Unter der Königin Mary (1553 - 58)

II. Vorstufen des „Instrument of Government"

Kommando von Fairfax. Im ersten Bürgerkrieg wurde das königliche Hauptquartier in Oxford erobert. Die Schotten übergaben den König dem Parlament. Im Schrifttum wird diesem Kampf, der von 1642 bis 1648 dauerte, keine verfassungsrechtliche Bedeutung mehr beigemessen, eine Ansicht, die auf Bedenken stößt. Die Beschlußfassung über die Erteilung des Oberbefehls war nämlich im weiteren Verlauf der Dinge für die politische Entwicklung, insbesondere für die Abschaffung der Monarchie eine Art Vorentscheidung. Die Beschlußfassung fand im Parlament statt. Die Commons beschlossen am 25. Januar 1642 eine „Militia-Ordinance", die von den Lords gebilligt wurde. Hierin wird der Befehl über die Miliz „Vertrauensmännern" eingeräumt. Ein vom König dagegen eingebrachter Gesetzentwurf scheiterte[79]. Ferner ist von eminenter verfassungsrechtlicher Tragweite, daß Cromwell auf Grund des erwähnten Befehls nach Beendigung der Bürgerkriege die staatliche Herrschaft übernahm, und zwar in der Form der *Republik*. Es wird zu wenig auf die Fragestellung eingegangen, ob sich die Republik nach der langen Tradition des Königtums überhaupt als englische Staatsform eignete. Auf jeden Fall wurden die Rechte des Königs dadurch verletzt, daß in seine Prärogative ein-

---

wurde die kirchliche Suprematie Roms wieder anerkannt, allerdings unter Ausnahme der „confiscated abbeys".

In der elisabethanischen Periode spitzte sich die irische Problematik auf das Scheitern der Reformation zu. Da sich der römische Katholizismus mit dem „Irish sentiment" verbunden hatte, beabsichtigten die Iren nicht, einem kirchlichen Wandel grundsätzlicher Art zuzustimmen. Politisch gesehen war hiermit die wachsende Opposition gegen die königliche Herrschaft Elisabeths gekoppelt. Unerklärt bleibt, daß sich in dieser Zeit dennoch die Suprematie des englischen Rechts in Irland durchsetzte. Während der Dynastie der Stuarts versuchte James I. den römisch-katholischen Klerus aus Irland vergeblich zu entfernen. Dies scheiterte daran, daß die Bevölkerung an ihrem Glauben festhielt. Im Jahre 1633 trat Sir Thomas Wenthworth mit dem Vorhaben auf „to put the irish home in order by making Ireland a counterpart of England". Im Ergebnis brachte die autokratische Regierung Karls I. in Irland die „confederation of Irish Katholic's" hervor. Der irische Widerstand überdauerte die Verfassungsentwicklung unter Jakob I. und Karl I. trotz aller Rückschläge und setzte sich während des Commonwealth und Protektorats fort. Den entscheidenden Schlag gegen den Widerstand führte Cromwell 1649, indem er die Revolte endgültig niederwarf. Eine der Konsequenzen war, daß das gesamte Gebiet östlich der Grafschaft Connaught englischen Lords und Veteranen eingeräumt wurde. Die Iren blieben „on their soil as tenants" (Sieper, a.a.O., S. 43).

Im Ursprung war die irische Erhebung der Jahre 1641 ff. eine allgemeine Erscheinung der damaligen Religionskriege in Europa überhaupt. So gesehen war sie eine Reaktion gegen das Vordringen der Protestanten. Dies ist aber nur eine Seite. Die andere trat in den Herausforderungen zutage, die aus Eingriffen in die Rechtssphäre, z.B. auf dem Wege der Enteignung von Grundstücken sowie durch Ansiedlung von Schotten resultierten.

Nach Cromwells Auffassung waren die Iren „Feinde des gottgefälligen Staates" (Howell, Cromwell, S. 151), die sich aus diesem Grunde nicht auf ihre Gewissensfreiheit berufen konnten. Ihre jüngste Geschichte – so Cromwell – hatte nämlich erwiesen, daß die Art und Weise, wie sie ihr religiöses Bekenntnis offenbarten, in eine Reihe von schwerwiegenden politischen Akten ausartete. In seiner späteren Regierungszeit ließ Cromwell diesen Einwand, der immer wieder vorgebracht wurde, gegen sich selbst nicht gelten.

[79] Hatschek, a.a.O., S. 337.

gegriffen worden war, indem der Befehl über die Truppen ohne weiteres Cromwell übertragen wurde.

Nicht völlig geklärt erscheint die Auflösung des Parlaments, insbesondere mit der Konsequenz, daß auf Grund der „Teilung des Hauses" das gesamte bisherige Königreich in entsprechende politische Regionen auseinanderfiel, nämlich in königlich und parlamentarisch orientierte Gebiete.

Im Hinblick auf Pride's Purge ist schließlich noch der Konflikt zwischen den *Independents* und *Presbyterians* insoweit zu klären, als die Verschiedenheit des Bekenntnisses prägend für die politische Richtung gewesen ist. Die radikalen Puritaner unterstanden Cromwell, der die Armee befehligte, hingegen bildeten die Presbyterianer die Mehrheit im Parlament. Nach „Pride's Purge" bestand nur noch ein „Rumpfparlament" von Independents unter Cromwell. Dieser strebte zunächst noch eine „konstitutionelle" Regelung an, indem er den König vorerst zu veranlassen suchte, auf seine absolute monarchische Stellung zu verzichten. Der König lehnte jedoch derartige Verhandlungen mit Entschiedenheit ab. Am 6. Januar 1649 trat das zur Aburteilung des Königs von Cromwell gebildete Gericht zusammen. Die Anklage warf dem König vor, die überkommenen Grundgesetze der Nation verletzt und eine willkürliche Tyrannei errichtet zu haben[80].

Der Zeitraum von dem Tode Karls I. bis zu dem „Instrument of Government" und der „Ordinance by the Protector for the Union of England and Scotland" wird durch Urkunden mehr belegt als der vorausgegangene Zeitabschnitt, der oben lediglich im Hinblick auf die Verfassungsentwicklung umrissen worden ist.

Die erste Urkunde
"The Death Warrant of Charles I."
bezieht sich auf die Gerichtsverhandlung und Verurteilung Charles' Stuart, des Königs von England, am 29. Januar 1649[81].

---

[80] Noch während des Bürgerkrieges hatte Karl I. mit dem Parlament in Newport einen Vertrag geschlossen, in welchem er von seinen früheren Erklärungen abrückte, das Parlament habe den Krieg in gesetzmäßiger Verteidigung geführt. Cromwell widersetzte sich diesem Abkommen, weil er darin eine Herausforderung des Parlaments erblickte.

[81] Die Urkunden sind entnommen den Select Documents of English constitutional History, hrsg. v. George Burton Adams und H. Morse Stephens, London, New York: Macmillan 1901, beginnend mit Nr. 212ff. Verwiesen wird auf Samuel R. Gardiner, „Constitutional Documents of the Puritan Revolution", Oxford, ³1906, eine Sammlung, die sich mit der Zeit von 1625 bis 1660 befaßt. Eine weitere Urkundensammlung liefert William Cobbett, Parliamentary history of England. From the Norman conquest in 1066, to the year 1803. Repr., New York, 1966. Außerdem wird auf die Sammlung von Scobell, ii. S. 7ff. Bezug genommen. Allgemeine Literaturangaben bei Kluxen, Geschichte Englands, S. 885, wo auf die Quellensammlung von J. P. Kenyon (Hg.) The Stuart Constitution, 1603 - 1688, Documents and Commentary, 1966 hingewiesen wird.

Von den Gesamtdarstellungen, die den Aufstieg des Parlaments und den Weg in die

II. Vorstufen des „Instrument of Government"   35

Der Text lautet:

"*Whereas* Charles Stuart, King of England, is and standeth convicted, attainted, and condemnet of high treason, and other high crimes; and sentence upon Saturday last was pronounced against him by this Court, to be put to death by the severing of his head from his body; of which sentence, execution yet remaineth to be done: these are therefore to will an require you to see the said sentence executed in the open street bevor Whitehall, upon the morrow, being the thirtieth day of this instant month of January, between the hours of ten in the morning and five in the afternoon of the same day, with full effect. And for so doing this shall be your sufficient warrant. And these are to require all officers, soldiers, and other, the good people of this nation of England, to be assisting unto you in this service.

To Col. Francis Hacker, Col. Huncks, and Lieut-Col. Phayre, and to every of them.

Given under our hands and seals.
John Bradshaw
Thomas Grey
Oliver Cromwell. (59 names in all.)

Die Reihenfolge der Urkunden in den English Constitutional Documents setzt der „Act appointing a Council of State"[82] fort. Die Bestimmungen haben die Einrichtung eines Staatsrates zum Gegenstande, den das Parlament beschlossen hat. Den Inhalt bilden 16 Punkte, die namentlich Ermächtigungen enthalten. Sie beziehen sich vor allem auf die militärische Ordnung, insbesondere die Ausübung des Befehls über die Miliz und die See- und Landstreitkräfte Englands, Irlands und der Dominien, im Interesse der Bewahrung des Friedens und der Sicherheit einerseits, andererseits der Vorbeugung von Aufruhr, Aufständen und Abwehr von Invasionen. In dem umrissenen Staatsgebiet sind alle Mittel anzuwenden, um den Handel zu sichern und zu fördern. Außerdem wird dem Staatsrat aufgegeben, gute Beziehungen zu auswärtigen Königreichen und sonstigen Staaten zu unterhalten und weiter zu entwickeln. Hinzugefügt wird, daß die Rechte des Volkes der Nation zu schützen sind. Zu diesen Zwecken ist ein auswärtiger Dienst aufzubauen. Weitere Vorschriften betreffen das Verhältnis des Staatsrates zum Parlament (Ziffer 7, 9, 12, 13, 14), das befugt ist, die Amtszeit des Councils, die grundsätzlich für die Dauer von einem Jahr festgelegt ist, abzuändern.

Von dem im Vorstehenden erörterten Staatsrat ist der „Council of Officers" zu unterscheiden, den Oliver Cromwell in seiner bekannten Erklärung vom 22. April 1653 erwähnt[83]. Diese Erklärung wird von „his Excellency the Lord General and his Council of Officers" gezeichnet.

Revolution sowie das Protektorat betreffen, ragen besonders die Werke von Gardiner hervor, hier History of the Commonwealth and Protectorate, 1649 - 56, 2. Aufl., 4 Bde. 1903, weiterbearbeitet von C. H. Firth, The Last Years of the Protectorate, 2 Bde. 1909.

[82] Siehe Adams-Stephens, a. a. O., Nr. 213; Samuel R. Gardiner, a. a. O., S. 381 ff.; Cobbett's, Parliamentary History, iii. 1288.

In der Zeit von Januar bis April 1649 werden Maßnahmen ergriffen, die die Voraussetzungen für die Errichtung der parlamentarischen Republik schaffen. Diese wurde allerdings erst am 19. Mai ausgerufen. Cromwell hat zuerst die Bezeichnung „Republik" vermieden, weil er davon ausging, daß England als ein Commonwealth oder als ein „free" „state" regiert werde. Sobald der Verfassungsgedanke Gestalt annahm, setzte sich die Vorstellung eines Protektorates durch, in dem Cromwell zum Protektor ernannt wurde. Es ist indes noch ein Rückblick auf die letzte Zeit des Königtums nötig.

Im Hinblick auf die beabsichtigte Beseitigung der Monarchie als der überkommenen Staatsform stärkte man die Stellung des Parlaments. Dies geschah dadurch, daß allen Beschlüssen des Unterhauses die rechtliche Eigenschaft von Rechtssätzen beigelegt wurde, wiewohl der König und das Oberhaus ihre Zustimmung nicht erteilt hatten. Am 7. Februar 1649 erging der „Act abolishing the Office of King"[84]. In diesem Act wird zuerst das Parlament mit Rücksicht darauf erwähnt, daß der *König* seine Rechtsstellung *von ihm* ableitete. Dies wird durch die Wendung ausgedrückt „authority derived from Parliament". Es wird hinzugefügt, daß das Parlament den König Charles Stuart für zu Recht gerichtlich verurteilt erklärt habe. Der Einleitung schließt sich eine allgemeine Entbindung des Volkes, auch einzelner Personen, von ehemaligen Verpflichtungen, die gegenüber dem König bestanden, an.

Der zweite Abschnitt begründet die Abschaffung des „Amtes" des Königs, womit die Beseitigung des Königtums und der Monarchie überhaupt gemeint ist. Hierauf beruht es, daß dagegen Stellung genommen wird, daß die königliche Machtfülle einer „einzigen" Person zustehen soll. Eine solche Anhäufung wird von der Allgemeinheit als unnötig, drückend und gefährlich angesehen, weil sie zur Folge hat, daß die Freiheit und Sicherheit sowie das öffentliche Interesse des Volkes eingeschränkt oder verletzt werden. Geschichtlich betrachtet sei die Prärogative des Königs meistens dazu mißbraucht worden, die Untertanen zu unterdrücken, zu verarmen und zu versklaven.

Die vorgesehene Beseitigung des Königtums sei nach alledem das beste Mittel für diese Nation, zu ihrem „gerechten und alten Recht" zurückzukehren[85], indem sie durch ihre eigenen Repräsentanten oder Nationalversammlungen, die von Zeit zu Zeit zu wählen sind, regiert wird. Durch den Zusatz „entrusted for that purpose by the people" kommt der Gedanke der Volksrepräsentation in die Vorstellung einer künftigen Verfassung hinein. Deshalb beschließen die im Parlament versammelten Commons, daß sie eine Sitzungsperiode des

---

[83] Siehe Adams-Stephens, a.a.O., Nr. 218; Samuel R. Gardiner, a.a.O., S. 400-404.

[84] Commons Journals IV, S. 132ff.; Kluxen, a.a.O., S. 326; Adams-Stephens, a.a.O., S. 397, Nr. 214, wo die Act abolishing the Office of King im Wortlaut wiedergegeben ist.

[85] Adams-Stephens, a.a.O., S. 398, IV.

II. Vorstufen des „Instrument of Government"

gegenwärtigen Parlaments bestimmen werden, um die Wahl der künftigen „Repräsentanten" in die Wege zu leiten.

Der „Act abolishing the House of Lords" wiederholt zum großen Teil die Erwägungen, die gegen die Institution des Königtums vorgebracht sind. Das Oberhaus ist nämlich nach dieser Anschauung nutzlos und gefährlich für das englische Volk. Diese Feststellung beruht angeblich auf einer langen historischen Erfahrung, die nunmehr erforderlich macht, daß das Oberhaus abgeschafft wird. Hieraus wird gefolgert, daß die Lords in Zukunft nicht mehr in dem House of Lords oder in einem anderen Hause oder auf „einem anderen Platz" tagen dürfen. Es bleibt aber die Möglichkeit, daß sie als Abgeordnete des Parlaments gewählt werden, wo sie ein freies Stimmrecht wie Abgeordnete im Unterhause haben[86].

---

[86] In diesem Zusammenhange ist zu bemerken, daß das zu jener Zeit noch bestehende Rumpfparlament keineswegs das ganze Volk im Sinne der obigen Postulate repräsentierte. Nach seiner eigenen Anschauungsweise betrachtete es sich dennoch als „legitimierten Souverän" (Kluxen, a. a. O., S. 328). Gegen diesen Anspruch wandte sich die Armee mit dem Verlangen nach einer wahrhaften, demokratischen Staatsform. An dieser Stelle der Gesamtentwicklung wird von der Armee die Forderung nach der Errichtung einer Verfassung der Republik erhoben, die die Rechte des einzelnen von denen der Regierung abgrenzen soll. Die Militärpartei hatte bereits 1647 einen Verfassungsentwurf beraten. Nunmehr legte die Armee ihn am 20. Januar 1649 dem Unterhause vor („Agreement of the people"). Hatschek meint, es sei die erste geschriebene Verfassung Englands gewesen, die den Grund für eine Demokratie legte (a. a. O., S. 339; Rothschild, a. a. O., S. 92ff.).

Zweiter Teil

Frühe Verfassungsentwicklung in Amerika und England

I. Der Einfluß der nordamerikanischen Verfassung auf die Entstehung der schriftlichen Verfassung in England

1. Der Prozeß der Verselbständigung der Kolonien

In der Frühzeit der Kolonisierung wirkte die religiöse Ideologie auf die politische Willensbildung verschiedenartig ein. So vereinigten sich die Pilgerväter bereits an Bord des Schiffes zu einem „Civil body politic". Im „plantation covenant" wurzelte die Beteiligung der Siedler an der Selbstregierung der Kolonie. Die demokratischen Elemente zeigten sich in verschiedenen Gestaltungen der Repräsentation. Dabei gingen die Kirchenverfassung und die staatliche Konstitution Hand in Hand. Die Einteilung in Kron-, Eigentümer- und Freibriefkolonien ist für die Art und Weise der staatlichen Organisation bedeutungsvoll gewesen, jedoch brauchen die Systeme hier nicht im einzelnen vorgetragen zu werden. Am Anfang der Gesamtentwicklung steht in allen Fällen die Übernahme englischer Verfassungseinrichtungen, die die frühen Einwanderer „mediatisierte". Der König, das Ober- und Unterhaus sind gleichsam das Vorbild für den Gouverneur, den Kolonialrat (Privy Council) und die sich nach und nach bildende Assembly, aus der allmählich eine gesetzgebende Körperschaft erwächst, die dem englischen Unterhaus etwa entspricht. Dieses Modell wandelt sich in den angedeuteten Arten der Kolonien ab.

Das Hauptbeispiel der Kronkolonien Virginia (beruhend auf königlichen Chartern v. 1606, 1609, 1611) zeigt den nachwirkenden Einfluß der Krone, die sowohl den Gouverneur als auch die lebenslänglichen Mitglieder des Kolonialrates ernennt[87]. Die erste Periode, die sogenannte Gründerperiode, geht ohne abgrenzbaren Übergang in die Zeit der beginnenden Repräsentation über. Es ist die Zeit, in der die Kolonisten mehr und mehr an der Gesetzgebung teilnehmen (in Virginia besonders deutlich seit der dritten Charter). Zugleich kommt die rechtliche Gewohnheit auf, die gesetzgebende Körperschaft als

---

[87] Grundlegend: Karl Loewenstein, Volk und Parlament, München 1922 (Neudruck 1964), S. 49, 55, 59 ff.

I. Der Einfluß der nordamerikanischen Verfassung

„house of burgesses" zu bezeichnen[88]. Mit der Zuständigkeit für die Gesetzgebung wird zuweilen das Recht der Zustimmung zu obrigkeitlichen Anordnungen verbunden.

In den sog. Eigentümerkolonien erwarb zwar der Lord-Proprietor das Eigentum, jedoch verblieb dem König eine lehnsähnliche Herrschaft (Maryland-Pennsylvanien). Die Tendenz ging dahin, die Befugnisse des Lord-Proprietors zugunsten der Kolonisten zu beschränken. Jedoch bereitete die Einführung des Repräsentationssystems – gerade in verfassungsrechtlicher Hinsicht – gewisse Schwierigkeiten[89]. Eine Zwischenstufe war eine Teilrepräsentation, die sich auf einzelne Hundertschaften der Bezirke bezog. Der absorptive Charakter der Repräsentation wurde erst 1642 erreicht[90]. In Pennsylvanien kommt die Entwicklung überhaupt erst durch den „frame of governement" zum Abschluß. Vom Standpunkte der vorliegenden Betrachtung ist jedoch dieser Entwicklungszeitraum nicht mehr einzubeziehen, weil das Schwergewicht der Untersuchung auf den ersten Freibriefkolonien liegt. Verfassungsrechtlich gesehen kommen namentlich die ersten *puritanischen* Freibriefkolonien in Betracht. Ihr übereinstimmendes Merkmal ist, daß sie zwar dem König von England untertänig sind, aber nach innen souverän bleiben. Loewenstein führt hierzu aus, daß sie der Oberhoheit des Königs soweit entfremdet gewesen seien, „daß nicht einmal immer und überall die Bestätigung der autonom erlassenen Gesetze von ihr erfaßt wurde, errichtet auf der Basis der englischen Gemeindetradition und der germanischen Volksrechte, besiedelt von Puritanern, deren Freiheitsbedürfnis dort vor dem Druck der anglikanischen Kirche Zuflucht suchte". Als typisch für diesen Werdegang wird die Konstitution von New-Plymouth, bezeichnet als „Agreement between the Settlers at New Plymouth" aus dem Jahre 1620, angesehen[91]. "And by Virtue hereof do enact, constitute, and frame, such just and equal Laws, Ordinances, Acts, Constitutions, and Officers, from time to time, as shall be thought most meet an convenient for the general Good of the Colony; unto which we promise all due Submission and Obedience." Die amerikanische Geschichtsschreibung hat das Dokument später als Fundament demokratischer Anschauungsweisen hingestellt.

Im Jahre 1643 vereinigten sich die Siedlungen von Massachusetts-Bay, New-Plymouth, New-Haven zu einer „Confederation of the United Colonies of New-England"[92]. Die Bay-Kolonie war vom Mutterland unabhängiger als die

---

[88] Zu den „Colonial Charters": P. Poore, The Federal and State Constitutions, Colonial Charters and other Organic Laws of the United States, I. Washington 1878.
[89] Loewenstein, a. a. O., S. 58, (siehe auch S. 57).
[90] Loewenstein, a. a. O.; Koch, G., Beiträge zur Geschichte der politischen Ideen und der Regierungspraxis, Berlin 1892, 1896, Bd. II, S. 112, 114ff.; Poore, a. a. O., II, S. 1382ff.
[91] Poore, a. a. O., S. 931.
[92] Loewenstein, a. a. O., S. 60.

übrigen. Sie wurde 1631 zu einem Commonwealth umgestaltet, und zwar dadurch, daß die Gesellschaftsteilhaber „Freemen" in den sog. „General Court" aufnahmen, für den der Repräsentationsgrundsatz galt. Die „Freemen" hatten das Recht, die Repräsentanten in die „Assembly" zu wählen, waren überdies passiv wahlberechtigt. Den Status von „Freemen" konnten auf Grund des puritanischen Charakters der Kolonie Massachusetts nur Mitglieder der „kongregationalistischen Kirche" erwerben. Im Jahre 1634 erlangten die „Freemen" gegenüber dem Gouverneur und seinen Assistants außer der Gesetzgebung auch das Recht der Landverteilung und der Steuereintreibung. Es entstand ein oligarchisches „Self-governing Commonwealth" von Massachusetts, das vorbildlich war[93].

Durch Exodus aus dieser Kolonie entstanden die Siedlungen von Rhode Island (1636)[94] und Connecticut. Am 14. Januar 1639 wurden die „Fundamental orders of Connecticut" in einem Grundgesetz niedergelegt, und zwar durch ein Agreement der Vollversammlung. Die Einwohner von Connecticut schlossen sich zu einem „Public State or Commonwealth" zusammen. Bemerkenswert ist, daß hierin die erste vollständige und eigenständige Verfassung geschriebener Herkunft erblickt wurde. Neben dem Gouverneur regierten sechs weitere Mitglieder, die wie alle Beamten von den beiden Delegiertenversammlungen, die jährlich zusammentraten, gewählt wurden. Nur Connecticut und Rhode Island erlangten das Recht der Wahl ihres Gouverneurs.

Infolge der Verzweigung der Kolonialisierung sind die verfassungsgeschichtlichen Aussagen aus der Sicht des 18. Jahrhunderts differenzierter als vom Standpunkt der Betrachtung des 17. Jahrhunderts. Besonders hervorzuheben sind die Ausführungen R. R. Palmers über die Errichtung der Verfassung in Nord-Carolina, Virginia, Pennsylvania und Massachusetts. Es handelt sich hierbei namentlich um die Parlamente und Ratsversammlungen in England und Amerika[95]. Nach allgemeingültiger Regelung herrscht das Zweikammersystem, und zwar mit einer noch zu besprechenden Ausnahme. Im Rahmen des Gouverneursystems beriet die erste Kammer den Gouverneur. In ihrer Eigenschaft als Oberhaus nahm sie die gesetzgebende Gewalt wahr. Der Zusammenhang mit dem Mutterland bestand darin, daß der Gouverneur als Engländer einflußreiche Einheimische zu Mitgliedern des council ernannte. In der Provinz Virginia versammelte sich der Rat einerseits in Ausübung der gesetzgebenden Gewalt, andererseits tagte er in seiner Aufgabe als Oberster Gerichtshof[96]. Palmer weist darauf hin, daß die „gleichen zwölf Männer die

---

[93] Hans R. Guggisberg, Geschichte der USA, 1975, Stuttgart, S. 18.
[94] Zur Verfassung von Connecticut siehe C. F. Menger, Deutsche Verfassungsgeschichte der Neuzeit, 2. Aufl., Heidelberg - Karlsruhe, 1979, S. 89 Rdn. 182, der betont, daß die Verfassung demokratisch war.
[95] R. R. Palmer, Das Zeitalter der demokratischen Revolution, Ffm. 1970 (Amerikanische Originalausgabe 1959), S. 57, 61 ff., 236 ff.
[96] Palmer, a.a.O., S. 62.

I. Der Einfluß der nordamerikanischen Verfassung 41

beiden Funktionen" erfüllten. Im Gegensatz zu dieser Regelung wählten in Connecticut die „freemen" die Ratsherren[97]. Es wird der Standpunkt eingenommen, daß die Kolonialparlamente vor der Revolution einer demokratischen Körperschaft mehr entsprochen hätten als im europäischen Kulturraum.

In Nord-Carolina, wo der Kreis der Wähler beträchtlich erweitert wurde, weil allen Steuerzahlern das Wahlrecht zustand, wurde der Gouverneur von beiden Häusern gewählt. Im Gegensatz zu dieser Verfassungsordnung bestand in Pennsylvania[98] nur eine einzige Kammer, die die gesetzgebende Gewalt allein ausübte. Dem Präsidenten, der von der Volksvertretung und den Verwaltungsräten gewählt wurde, stand kein Vetorecht zu.

Im Rahmen der Darlegung der Vorbedingungen der kolonialen Entwicklung ist neuerdings die „Instabilität der Kolonialherrschaft" im einzelnen aufgezeigt worden[99]. In diesem Rahmen wird wiederum die Art und Weise der Entstehung geschildert. Am Anfang steht die puritanische Gründung in Massachusetts, die bereits im 17. Jahrhundert erfolgte, am Ende des Jahrhunderts die Gründung der Quäker in Pennsylvania. Die erstgenannte Kolonie war nach der Zusammensetzung ihrer Bevölkerung vorwiegend englischen Ursprungs. Die Gründung von Connecticut und Rhode Island ging auf den Auszug der religiösen Dissidenten zurück. Dagegen wies Pennsylvania nur verhältnismäßig wenige englischstämmige Siedler auf, weil die heterogene Zusammensetzung überwog. In New York steigerte sich die Mischungstendenz.

Während der Restaurationsepoche in England erlangten die Siedlungskolonien zunehmendes staatliches Interesse. Der Grundsatz der gemeindlichen Selbstverwaltung steigerte sich zum konstitutiven Prinzip. Die Selbstverwaltung war im kolonialen Entwicklungsbereich insofern unabhängig, als ihr keine Adelsschicht im Sinne des Ancien régime gegenübertrat, die nach ständischen Prinzipien Privilegien hätte geltend machen können. Die Selbständigkeit bezog sich auch auf die Unabhängigkeit von einem geistlichen Stand, weil die Sektenkirche sich selbst verwaltete. Dies war die Folge der Entwicklung, auf Grund deren die kolonialen Parlamente politischer Mittelpunkt geworden waren[100].

---

[97] Palmer, a.a.O., S. 63.
[98] Palmer, a.a.O., S. 238.
[99] H. Dippel, Die Amerikanische Revolution 1763 - 1787, Ffm. 1985, der den Konflikt der Kolonien mit dem Mutterlande und die Auseinandersetzungen im Inneren schildert. Der zeitliche Bezugsraum erstreckt sich auf die Jahre 1775 - 1787, läßt sich daher auf das hier interessierende Verfassungsstadium nicht mehr anwenden. Es sind jedoch die Ausführungen über das Ancien régime von Interesse für den Vergleich.
[100] Dippel, a.a.O., S. 20ff.

2. Die Verwandlung der Kolonien in selbständige Staaten

Allgemein läßt sich das Ergebnis gewinnen, daß sich die Kolonien in einem von Fall zu Fall verschieden gestalteten Übergangszustand zu Einzelstaaten entwickelten, die sich später vorübergehend im Kontinentalkongreß zusammenschlossen. Im Hinblick auf ihre sich nach und nach abschwächende Verbundenheit mit dem Mutterlande sind für jene Kolonien unterschiedliche Stadien zu bilden. Jedoch ist dieser Werdegang im einzelnen hier nicht abzugrenzen. Verfassungsgeschichtlich gesehen ist festzuhalten, daß die Konstitutionen mehr oder weniger bald repräsentativen Charakter erlangten. Die Lehre des Verfassungsrechts und der Verfassungspraxis der Vereinigten Staaten[101] hat nachgewiesen, daß die 13 Kolonien trotz lokaler Verschiedenheiten ein einheitliches Bild darstellten. Nach dem Zweikammersystem bestanden die gesetzgebenden Körperschaften aus einem vom Gouverneur ernannten Council, der dem englischen Oberhaus und aus einer Assembly, die dem englischen Unterhaus entsprach. Die kolonialen Gesetze waren zuerst an die Zustimmung des Königs gebunden, mit Ausnahme von Rhode Island, Maryland und Connecticut. Der royal assent kam jedoch im Laufe der Verselbständigung und Unabhängigkeit der Kolonien in Fortfall. In der Mehrzahl beruhte die Organisation auf geschriebenen Verfassungen. Wie oben angedeutet wurde, bestand die erste geschriebene Verfassung aus den „Fundamental Orders of Connecticut". Im Schrifttum wird betont, daß sie zeitlich dem mutterländischen „Instrument of Government" von Cromwell, das 1953 kodifiziert wurde, vorging. Der Umstand ist besonders hervorhebenswert, weil hierdurch eine contemporäre Verbindung zwischen dem amerikanischen und englischen Recht in dem Zeitraum von 1640 - 1660 hergestellt wird. Die englischen Instruktionen an die Gouverneure bezogen sich hauptsächlich auf den Handel[102] weniger auf die Verfassung.

Vom Standpunkt einer Zusammenschau sind folgende Stadien voneinander zu trennen: der Zeitraum der Charters der Krone, das Zwischenstadium der allmählichen Verselbständigung durch Rechtseinrichtungen kolonialer Provenienz und die Entstehung souveräner Staaten auf der Grundlage freiheitlicher Verfassungen, die bis zum Jahre 1780 elf Staaten erhalten hatten. Connecticut und Rhode Island behielten vorerst die königlichen Charters, die im 19. Jahrhundert durch Verfassungen ersetzt wurden. Die Grundrechtserklärungen der Verfassungen fußten im wesentlichen auf den bekannten englischen Traditionen. Hinzu traten jetzt naturrechtliche Vorstellungen. Am Ende der gesamten Entwicklung steht der amerikanische Kontinentalkongreß[103], der die Einzel-

---

[101] Löwenstein, Verfassungsrecht und Verfassungspraxis..., S. 3.
[102] Löwenstein, a.a.O., S. 4.
[103] Die Bezeichnung „Continental Congress" war zuerst nicht offiziell. Erst nach der Annahme der „Articles of Confederation" hieß er „The United States in Congress

I. Der Einfluß der nordamerikanischen Verfassung

staaten durch Konföderationsartikel koordinierte. Hierin wurde die erste Vorstufe einer Verfassung der Vereinigten Staaten von Amerika, im Übergang vom Staatenbund zum echten Bundesstaat, erblickt.

Während der Periode der nordamerikanischen Revolution (1763 - 1783) setzte sich in den Verfassungen der 13 Kolonien die Repräsentation ohne Einschränkung durch[104].

Die Kolonialgeschichte hat die Charters mit den späteren Konstitutionen verglichen, so besonders in der Entwicklung, die in Massachusetts von 1691 - 1780 vor sich gegangen ist. Was die Konstitution von 1780 betrifft, so enthält der erste Teil eine Erklärung der Rechte der Einwohner des Commonwealth von Massachusetts, der eine Präambel vorausgeht. Diese beginnt mit der Existenz eines body-politic, der durch die freiwillige Vereinigung der Individuen gebildet wird. Nach Art. X ist das Volk nicht durch irgendwelche anderen Gesetze als diejenigen, denen der verfassungsmäßige representative body zugestimmt hat, kontrollierbar. Der gesetzgebende Körper nennt sich „General Court of Massachusetts". Die Verfassung richtete bereits einen Senat und ein Repräsentantenhaus ein.

Die Krise, die zwischen den Kolonien und dem Mutterland im 17. und 18. Jahrhundert bestand, ist innerhalb des verfassungsrechtlichen Ausschnittes, der durch die Jahre von 1640 bis 1690 begrenzt wird, vom Thema her nicht erneut zu erörtern[105].

Assembled". Zu dem Sprachgebrauch und der Entwicklung des Kongresses siehe E. C. Burnett, The Continental Congress, New York 1941, Prefare. Chapter II erörtert „The Common Cause" und „The Colonies take counsel with one another" (S. 23). Chapter III behandelt „The first Congress" und „Declaration of Rights, the association" (S. 33ff.).
Zur federal convention siehe Chapter XXXIV, S. 669.

[104] Erst mit der Unabh.erkl. entfiel die Geltung des englischen Rechts (formell) in den früheren Kolonien. Siehe hierzu Rheinstein a.a.O. S. 92 unter Hinweis auf die Abh. v. Wengler und Blumenwitz.

[105] Das Schrifttum hat die Kolonialherrschaft unter gesellschaftlichen und verfassungsrechtlichen Gesichtspunkten in Anlehnung an die englischen Verhältnisse behandelt. Das englische Sektenwesen im Mutterlande ist z.B. mit der anglikanischen Hochkirche verglichen worden. Das Prinzip der Selbstverwaltung schlug sich in den gewählten Unterhäusern, die als koloniale Parlamente eingerichtet waren, nieder (Lower Houses). In der ersten Hälfte des 17. Jahrhunderts fand im amerikanischen Siedlungsraum eine Auflehnung gegen die Politik des englischen Königs ähnlich statt wie später in den verfassungsrechtlich stabilisierten Kolonien gegen den König und das Parlament. Hierbei handelt es sich um den Zeitraum nach 1763. Das innere Verbindungsglied ist die puritanische Revolution in England, die sich dort um die Mitte des 17. Jahrhunderts bereits ausgebreitet hatte. Die Kolonisierung hatte jene Revolution gewissermaßen vorweggenommen, weil sie zeitlich vor der puritanischen Umwälzung in England lag. Dies hat man dahin ausgedrückt, daß die Errungenschaften in Neuengland, „noch bevor sie in England erkämpft waren", verankert wurden (zu dieser Vorwegnahme siehe H. Dippel, Die Amerikanische Revolution 1763 - 1787, S. 9ff.). Im weiteren Verlauf der Untersuchungen ist von der Krise des amerikanischen Ancien régime die Rede. Mit Recht wird abgelehnt, daß sich das System der englischen Kolonialverwal-

II. Verfassungsansätze zwischen Krieg und Revolution

1. Die „Heads of the Proposals"

Um die Mitte des 17. Jahrhunderts lebt in der englischen Konstitutionsbewegung die Erinnerung an die geschriebenen Verfassungen der nordamerikanischen Kolonien wieder auf. Es ist besonders die eigenartige Kombinierung der „independentischen" Kirchenverfassung mit der staatlichen Grundordnung, die als innere Antriebskraft fortwirkt. Derartige Vorstellungen verbanden sich bei Cromwell und Ireton mit der Lehre vom Staatsvertrag und dem Streben nach einer geschriebenen Verfassung[106]. Diese ist ein vom Volk getragenes Mittel, „vertraglich" einen neuen Staat gleichsam aus dem Naturzustand heraus zu gründen. Vorausgesetzt wird, daß der alte Gründungsvertrag zwischen König und Volk zuvor als aufgelöst behandelt wird. Der ganze Ideenbereich wurzelt in eigenartigen „Volksverträgen". Die Einbeziehung des Volkes wird in dem Ausdruck „Agreement of the people", den die Armee 1649 dem Unterhause vorlegte, sichtbar. Dieser Entwurf, der wie angedeutet, als erste geschriebene Verfassung Englands „demokratischen" Charakters angesehen wurde, entwickelte sich aus einer Reihe von Vorstufen, die ineinander verschlungen sind. Wieweit das Streben nach einer geschriebenen Verfassung vom Standpunkte der beginnenden Revolution aus gesehen zurückreicht, läßt sich mit Sicherheit nicht bestimmen. Den Höhepunkt erreicht diese Tendenz sicherlich in den Jahren 1647 - 1657. In den angedeuteten Werdegang lassen sich die sog. Fundamentalgesetze, die eine internationale Erscheinung sind, nicht ohne weiteres einbeziehen, weil sie bereits auf die Wende des 16. zum

---

tung in einer Krise vor Revolutionsausbruch befunden habe, die dem französischen Ancien régime vergleichbar gewesen sei (Dippel, a.a.O., S. 19). Die Krise der Kolonialherrschaft und der Konflikt mit dem Mutterlande sind hier ebensowenig zu behandeln wie die Amerikanische Revolution. Zur Verfassung der Vereinigten Staaten von Amerika siehe R. Parker, Das öffentliche Recht, Verfassungsrecht und allgemeines Verwaltungsrecht der Vereinigten Staaten von Amerika, Wien 1963, S. 1ff., siehe auch H. Eichler, Verfassungsbewegungen in Amerika und Europa, 1985, S. 27ff.

Vom rechtsgeschichtlichen Standpunkt ist bemerkenswert, daß die Gründung der Vereinigten Staaten geradezu als eine Schöpfung des „älteren Vernunftsrechts" angesehen wurde (so F. Wieacker,, Privatrechtsgeschichte der Neuzeit, 2. Auflage, 1967, S. 279). Es kommt hierbei zum Ausdruck, daß sich der naturrechtliche Freiheitsgedanke in England früher und mehr durchgesetzt hat als auf dem Kontinent (S. 278).

Der Freiheitsgedanke wirkt sich sowohl im Privatrecht als auch im Verfassungsrecht aus, indem die Freiheit und das Recht auf Unverletzlichkeit der Person sowie des Eigentums zu besonders schutzwürdigen Rechtsgütern erklärt werden. Einerseits handelt es sich um die freie Verfügung des Grundeigentümers anderseits um Liberty and Property im Sinne der aufklärerischen Postulate von John Locke (Two treatises of government 1690).

[106] W. Rothschild, Der Gedanke der geschriebenen Verfassung in der englischen Revolution, Tübingen und Leipzig 1903, S. 4, wo von einer Verwandtschaft zwischen der Idee des Staatsvertrages und einer geschriebenen Verfassung gesprochen wird. Zu den „Agreements of the people" siehe S. 5.

II. Verfassungsansätze zwischen Krieg und Revolution 45

17. Jahrhundert zurückgehen, als Jacob I. seine Prärogativen hierauf gründete.

Bei der Würdigung der Vorarbeiten ist zu prüfen, ob sie vor oder nach der Beendigung der Kampfhandlungen stattfanden. In die Periode der geschriebenen Verfassung fallen die Propositionen von Newcastle, die das Parlament dem König am 4. Juli 1646 unterbreitete[107]. Nach einhelliger Meinung waren diese Propositionen für den Abschluß eines Friedens zwischen König und Parlament nicht geeignet. Eine Verhandlung darüber wurde dadurch ausgeschlossen, daß dem König nur die Möglichkeit blieb, die Vereinbarungen im ganzen anzunehmen oder abzulehnen. Unter den gegebenen Umständen handelte es sich überhaupt nicht um eine Übereinkunft, sondern um den Versuch einer Oktroyierung.

Eine weitere bedeutsame Erkenntnisquelle sind die „Heads of the Proposals", die am 1. August 1647 veröffentlicht wurden, allerdings nicht als abgeschlossener Verfassungsentwurf, sondern nur etwa als ein Auszug. Das Heer gab hierin seine Wünsche bekannt, die sich auf die Wahrung eines dauerhaften Friedens sowie auf die Rechte und Freiheiten bezogen. Die Regelung beginnt mit der Rechtsstellung des Parlaments und des Königs, dem der Oberbefehl über das Heer auf die Dauer von 10 Jahren genommen wird. Nach der Frist ist die Machtbefugnis in ihrer Ausübung an die Zustimmung des Parlaments gebunden. Bei der Wahl des Staatsrates kann er die ersten 10 Jahre nicht mitwirken. Als des Königs „Privy Council"[108] wird ein Staatsrat eingerichtet, der das Heer zunächst auf die oben erwähnte Dauer verwaltet. Der Staatsrat leitet zudem die auswärtigen Angelegenheiten. Über Krieg und Frieden entscheidet er nur mit Zustimmung des Parlaments[109]. Das Wahlrecht sorgt dafür, daß das Parlament in größerem Umfange als bisher der Kontrolle der Wähler unterworfen wird. Zur Zuständigkeit des Parlaments gehört der Befehl über das Heer, womit das Recht zur Ernennung der Befehlshaber verbunden ist; außerdem die Erhebung der Mittel, die für die Erhaltung des Heeres erforderlich sind[110].

Nach den Übergangsbestimmungen[111] soll sich das „Lange Parlament" innerhalb eines Jahres auflösen. Später tagen die Parlamente zweijährig. Die Mindest- und Höchstdauer der Legislaturperiode wird auf 120 bzw. 240 Tage festgelegt[112]. Der König hat das Recht der Auflösung und Vertagung nach Ablauf von 120 Tagen.

---

[107] Zu den übrigen Propositionen, insb. denen von York vom 1. Juni 1642 siehe Rothschild, a.a.O., S. 12; Gardiner, Const. Doc. S. 170ff. Das Parlament ist bei der Zusammensetzung der Räte beteiligt.
[108] Rothschild, a.a.O., S. 49.
[109] Zu den einzelnen Vorschriften siehe Heads of the Proposals, I, II, III.
[110] Siehe Anmerkung 109.
[111] I.
[112] I.

Auf die frühere Organisation weist noch hin, daß der Entwurf ein Unter- und Oberhaus vorsieht. Die Ernennung der Peers, die der König vornimmt, wird an die Zustimmung des Parlaments gebunden, wodurch das freie Bestimmungsrecht des Königs neuerdings eingeschränkt wird. Eine einseitige Personalpolitik soll dadurch verhindert werden, daß die Anhänger des Königs fünf Jahre hindurch von jedem Amt ausgeschlossen sind[113]. In die beiden ersten Parlamente können sie nicht gewählt werden.

Die „Heads of Proposals" enthalten auf verfassungsrechtlicher Ebene Vorschriften von kirchenrechtlicher Tragweite. So wird der bischöflichen Kirche die bisherige Rechtsprechung genommen. Das gleiche gilt für die Bestrafung, soweit es sich um bürgerliche Strafen handelt. „Zwangsgewalten" werden gemäß näherer Regelung aufgehoben[114]. Die „Heads of Proposals" fanden im Volke wenig Anklang. Der König lehnte sie anfänglich überhaupt ab, weil er eine Wiedereinsetzung in seine Rechte forderte. Später versuchte die Armee eine Einigung mit Karl herbeizuführen[115]. Das Parlament, das an den Propositionen von Newcastle festhielt, ließ es auf eine Auseinandersetzung mit dem Heere ankommen. Die Stadt London trat in dem sich anbahnenden Konflikt auf die Seite des Parlaments. Hierdurch entstand zugleich ein Streit zwischen dem Heer und der Stadt, in dessen Verlauf London vorübergehend besetzt wurde. Die presbyterianische Partei der Stadt opponierte gegen das politische System der Hauptpunkte[116], mit der Folge, daß die Independenten[117] das Unter- und Oberhaus verließen, um sich unter den Schutz des von Fairfax kommandierten Heeres zu stellen.

Das Heer verkündete in dieser Lage eine Remonstranz[118], die sich gegen beide Häuser wandte. Hierin wird zum Ausdruck gebracht, daß das Heer in dem Augenblick auf den Widerstand des Parlaments stieß, als „durch die Gnade Gottes und die Bemühungen des Heeres" ein aussichtsreicher Weg zur Abschließung eines dauernden Friedens und geeigneter Einzelregelungen beschritten war[119]. Das Parlament „wollte einen Frieden mit dem König abschließen, der keine wahre Fürsorge treffe für die allgemeinen wahren Interessen des Volkes"[120]. Dem Parlament wird vorgeworfen, daß es unter dem Vorwand religiöser Gleichförmigkeit gruppen-egoistische Zwecke verfolge[121]. Bei dieser Gelegenheit weist das Heer auf die Deklaration vom 16. Juni hin, auf deren Grundlage die Armee besondere Vorschläge gemacht habe, die in

---

[113] II, 4.
[114] XI, XII, XIII.
[115] Rothschild, a.a.O., S. 55.
[116] Solemn Engagement vom 21. Juli 1647; Lords Journal IX, 354.
[117] Sie waren Anhänger der freien „Gemeindekirche".
[118] Vom 18. August 1647, Lords Journals IX, 391/397.
[119] Rothschild, a.a.O., S. 58.
[120] Rothschild, a.a.O., S. 59.
[121] Rothschild, a.a.O., S. 59.

den „Heads of Proposals" gipfelten. Das Heer sei bestrebt, unter allen Umständen dem Mißbrauch der Gewalt entgegenzutreten, gleich ob es sich um einen solchen des Königs oder des Parlaments handele[122]. Den Presbyterianern warf das Heer vor, daß ihre religiösen Ziele nur vorgegeben würden, damit sie politische Zwecke verwirklichen könnten[123].

Cromwell, der das Heer in diesen Beziehungen deckt, zwingt eine Reihe von Presbyterianern unter Anwendung militärischer Gewalt dazu, das Parlament zu verlassen, eine Maßnahme, die der Herbeiführung der Stimmengleichheit dient. Bei dieser Gelegenheit stellt sich der König gegen die Propositionen von Newcastle, indem er sich auf die „Hauptpunkte" beruft. Karl bringt zum Ausdruck, daß er die „Heads of Proposals" für geeigneter hält als die genannten Propositionen, die allgemeinen Interessen zu befriedigen und den Frieden zu schützen.

Inzwischen hatte die langwierige Diskussion das öffentliche Interresse an der Klärung herabgesetzt und die Vorstellung einer künftigen englischen Verfassung vorerst gegenstandslos gemacht. Der Verfassungsgedanke war nach einer Formulierung Rothschilds von den Führern des Heeres auf eine „kleine republikanische Sekte" übergegangen (S. 61).

2. Die „Agreements"

Das erste Agreement of the People und der Kompromißentwurf stehen im Zeichen der Spaltung der Independenten in eine konstitutionelle und eine republikanische Partei[124]. Ging es der erstgenannten Richtung um eine Verständigung mit dem König, so beabsichtigte die andere, die Monarchie abzuschaffen und die Republik auf dem Fundament der geschriebenen Verfassung zu errichten. Ihr Ziel ist, das Oberhaus zu beseitigen und das Unterhaus durch eine sog. „Repräsentative" auf der Basis eines gleichen und freien Wahlrechts zu ersetzen. In der Programmschrift „The Case of the Army stated" werden nicht nur militärische, sondern auch politische Anliegen vorgebracht; so werden zweijährige Parlamente gefordert. Das erste „Agreement" ist nur ein Auszug aus dieser Schrift.

Auf der Seite der konstitutionellen Partei spricht Cromwell den republikanischen Agenten die Legitimation ab, als Vertreter des Volkes aufzutreten. Ireton, der Vater der Idee einer geschriebenen Verfassung, wendet sich gegen

---

[122] Rothschild, a.a.O., S. 60.
[123] Rothschild, a.a.O., S. 59.
[124] In der Armee vertrat Wildmann, im Parlament Marten und Rainborow die „Republikaner". Wildmann und Lilburne arbeiteten Anfang 1648 eine aufrührerische Petition (siehe Rothschild, S. 63) aus. Marten sah in Cromwell den größten Gegner, Rainborow erklärte sich bereits bei den Beratungen zu Putney öffentlich gegen den König.

das Agreement, weil er einer konstitutionellen Monarchie anhängt. Ebenso lehnt der Offiziersrat zu Putney das Agreement mehrheitlich ab. Die politische „Agitation" der „Leveller" unter Lilburne, die neben den Royalisten und Presbyterianern standen, nahm 1649 ein Ende, als ein von ihnen entfachter Aufstand von drei Regimentern durch Cromwell und Fairfax unterdrückt worden war.

Im Aufbau der Entstehungsgeschichte des ersten „Agreement of the People" folgt der Darstellung der beteiligten Parteien der „Offiziersrat zu Putney". Die Diskussion geht hin und her zwischen den „Heads of the Proposals" und dem „Agreement", das auf Grund eines „Volksvertrages" ergehen soll, d. h. ohne Mitwirkung des Königs und des Parlaments. Das „Agreement" soll gleichsam als eine höhere Ordnung (Verfassung) über dem Parlament stehen[125], weil es durch ein Veto des Königs, wollte man ein solches einführen, ausgeschaltet werden könnte. Eine Einigung kommt in Wahrheit nicht zustande, weil die politischen Gegensätze unüberbrückbar sind.

Der weitere Verlauf der Verhandlungen, die die verschiedenen Agreements of the People betreffen, wird wie folgt skizziert[126]:

„Am 24. Dezember 1647 legt das Parlament als eine Art Ultimatum dem König vier Gesetze, als „the fours Bills" bekannt, vor. Karl aber lehnt am 28. Dezember die vier Bills endgültig ab, nachdem er zwei Tage vorher ein Abkommen mit den Schotten unterzeichnet hat (das Engagement vom 26. Dezember 1647). Daraufhin fassen beide Häuser des Parlaments Mitte Januar 1648 den Beschluß, keine Verhandlungen mehr mit dem König zu führen – the Vote of no Addresses. – Es folgt der Krieg England gegen Schottland, der sogenannte zweite Bürgerkrieg, der mit der Niederlage der schottischen Armee endet. Das Heer nimmt seine alten Bestrebungen wieder auf, die republikanische Partei beherrscht die Situation. Die Höhepunkte ihrer Thätigkeit sind die Petition vom 11. September 1648, die Remonstranz des Heeres vom 28. November 1648, endlich die Revision des Agreement of the People vom 10. Dezember 1648. Diesem zweiten folgt ein drittes Agreement of the People am 20. Januar 1649, und ein viertes am 1. Mai desselben Jahres."

Der sog. Kompromißentwurf, der aus einer von Offizieren zusammengesetzten Kommission (Mitglieder des Offiziersrates) hervorging, ist nur bruchstückweise überliefert. Der Entwurf ist mehr den Heads of the Proposals als dem Agreement of the People ähnlich[127].

Konnten in der Diskussion im Rahmen der Beratung des ersten Agreements noch Zweifel über die Staatsform bestehen, so legte sich später die „Verfassung" auf die republikanische Staatsform fest. Der König und das Oberhaus waren als Einrichtungen des Staates fortgefallen. Die oberste „Regierungsbehörde" ist die „Repräsentative", der im Prinzip die gesetzgebende Kompetenz

---

[125] Rothschild, a. a. O., S. 81.
[126] Rothschild, a. a. O., S. 113.
[127] Rushworth, Collections VII. 681. The Clarke Papers I. 363/367, 407/9.

II. Verfassungsansätze zwischen Krieg und Revolution

zusteht, d. h. soweit nicht die „Reservatrechte des Volkes" entgegenstehen[128]. Die Einschränkung ist von grundsätzlicher und systematischer Bedeutung. In erster Hinsicht bringt sie nämlich den grundrechtlichen Charakter zum Ausdruck, weil bestimmte Rechte der Bürger aufgestellt werden.

Der Grundgedanke der sog. Volksvertretung umfaßt vor allem nicht die Regelungen religiöser und gottesdienstlicher Anliegen, die besonders geschützt werden. Es folgt die Bestimmung, daß kein Zwang zum Kriegsdienst ausgeübt werden kann. Hiermit hängt zusammen, daß die Verantwortung für die im Bürgerkrieg begangenen Handlungen ausgeschlossen wird. Im Mittelpunkt der Sonderregelung steht das Reservatrecht der *Freiheit aller* vor dem Gesetz. In Zukunft entfallen alle Ausnahmen von diesem Grundsatz. Der letzte Punkt differenziert die Gesetze nach einem bestimmten Gesichtspunkt, nämlich dem der Sicherheit und des Wohles des Volkes. Alle Gesetze, die hiergegen verstoßen, werden in gewisser Hinsicht unter Ausnahmerecht gestellt. Jedem Bürger wird nämlich das Recht verliehen, sich gegen solche gesetzliche Maßnahmen zur Wehr zu setzen, die die Sicherheit und das Wohl des Volkes beeinträchtigen. Mit dem Volk ist hier die Gesamtheit der *einzelnen* gemeint. Die Formulierung läuft auf die Gewährung einer Art von Widerstandsrecht hinaus. Die Bestimmung hat zwar Ausnahmecharakter, kündigt aber dennoch die Überordnung des Volkes über die Repräsentative an. Diese ist zwar die „oberste Regierungsbehörde", und zwar immer im Sinne der zusammengefaßten Staatsgewalten, aber nur insofern, als der Machtbereich des Volkes, das in Wahrheit die höchste Gewalt ist, gewahrt wird. Die Argumentation verbirgt sich hinter der Vorstellung der Summe der Reservatrechte.

Im übrigen kommt die demokratische Tendenz des Entwurfs dadurch zum Ausdruck, daß das allgemeine und gleiche Wahl- und Stimmrecht dem Staatsaufbau vorgegeben sind.

Nach Hatschek ist der Verfassungsentwurf die erste geschriebene Verfassung Englands, welche versuchte, die Fundamente einer Demokratie zu schaffen. Schon damals seien alle Grundsätze wenigstens im Keim angedeutet, die der gegenwärtigen Demokratie innewohnten. Dies zeige sich darin, daß eine einzige repräsentativ geartete Kammer „die oberste Herrin im Staat" sei[129]. Es stehe dahin, ob dem Agreement nach der Art und Weise seiner Entstehung die Wirkung einer so weitgehenden Voraussage zugemessen werden kann, zutreffend ist jedoch, daß ein entschiedener Bruch mit den alten überlieferten Einrichtungen[130] stattfand. Die Bestimmungen, die das Parlament betreffen, zeigen deutlich, daß ein Wandel eingetreten ist. Hierher gehört auch die Vorschrift, daß das Parlament alle zwei Jahre gewählt werden und jährlich sechs Monate tagen soll.

---

[128] IV. 1 - 5.
[129] Hatschek, a. a. O., S. 339.
[130] Kluxen, a. a. O., S. 329.

Das Agreement brach entschiedenermaßen mit dem Herkommen und der Tradition verfassungsrechtlicher Vorstellungen in England, namentlich durch den Gedanken, daß jeder freie Mann das Stimmrecht erhalten soll und daß alle Formen des religiösen Kultus toleriert werden, allerdings unter Ausschließung des Anglikanismus und Katholizismus. Das Unterhaus[131], dem der Entwurf zur Beratung vorgelegt wurde, schob ihn zur Seite, was zur Folge hatte, daß er vorerst überhaupt unbearbeitet blieb. Es wird angenommen, daß dies aus Furcht vor radikalen Reaktionen geschah. Hinter diesem Gedanken stand die weitverbreitete Auffassung, daß das Gemeinwesen noch nicht reif sei für die Inkraftsetzung einer derartig „ungewöhnlichen" Verfassung. In Wirklichkeit handelte es sich nicht um die Gegner der Verfassung, sondern des Parlamentes. Waren es früher vor allem die Royalisten und Presbyterianer, so traten jetzt die Leveller gegen das Parlament auf. Ihre Ansichten waren vor allem von John Lilburne geprägt, der besonders gegen Cromwell agitierte. Jener schuf als Privatarbeit das vierte Agreement[132] am 1. Mai 1649, wobei er sich an das Volk schlechthin wandte. Er verfaßte übrigens später eine Anklageschrift gegen Cromwell und Ireton. Nach seiner Auffassung waren die früheren Entwürfe von einseitigen Parteiinteressen bestimmt, weil zuerst der König seine Prärogative verfochten habe und später die Independenten für die Krönung Cromwells eingetreten seien[133].

Jedoch bedarf das Schicksal der Agreements keiner weiteren Darlegung mehr, weil sich die Verfassungslage definitiv auf einen neuen Verfassungsentwurf der Armee zuspitzte, der 1653 im Parlament eingebracht wurde[134].

---

[131] Entgegen den Forderungen der Radikalen wurde der Entwurf dem Parlament vorgelegt.
[132] Rothschild, a. a. O., S. 137 ff.
[133] Rothschild, a. a. O., S. 138.
[134] Das zweite und dritte Agreement of the People wurden nicht im einzelnen erörtert, weil das Schwergewicht der Untersuchungen auf dem „Instrument of Government" und der „Humble Petition and Advice" ruht.

Dritter Teil

Das Protektorat

I. Instrument of Government

1. Vorbemerkungen

Nach dem „Act, der England zum Commonwealth" erklärte[135], erging ein weiterer Act, der festlegte, welche Verhaltensweisen gegenüber dem Commonwealth als hochverräterisch gelten. Der Tatbestand wird als erfüllt angesehen, wenn jemand behauptet, die derzeitige Regierung sei tyrannisch, usurpiert oder ungesetzlich, oder die „Commons in Parliament" seien nicht die oberste Autorität dieser Nation. Ein weiterer Tatbestand des Hochverrats besteht darin, daß gegen die gegenwärtige Regierung Aufstände angezettelt oder Streitkräfte aufgeboten werden. Weitere Straftaten dieser Art sind militärischer Verrat und Münzdelikte[136].

Die Kriege mit Irland und Schottland (1649/50) sowie Holland (1652) wirkten auf die Verfassungsbestrebungen hemmend ein. Cromwell nahm diese trotzdem wieder auf. Das Parlament verhielt sich abwartend; es lehnte allgemeine Wahlen ab, ließ sich auch nicht auf den Vorschlag ein, eine verfassunggebende Versammlung einzuberufen. Die Dinge hatten sich dahingehend entwickelt, wie oben angedeutet wurde, daß das Parlament um die Fortdauer seiner Existenz kämpfte, und zwar sogar mit dem Mittel eines Gesetzes, daß den Weiterbestand sichern sollte. Dessenungeachtet hatte sich das Parlament nach Pride's purge[137] im Jahre 1651 verpflichtet, sich drei Jahre später aufzulösen. Noch bevor diese Frist abgelaufen war, löste Cromwell das Parlament am 20. April 1653 auf, nicht zuletzt, weil es unterlassen hatte, die von der Armee in Fluß gebrachten Verfassungsreformen durchzuführen.

In der jetzt beginnenden Debatte ging es zunächst darum, ob an die Stelle der Monarchie eine Republik gesetzt werden solle. Es handelte sich hierbei damals um eine konstitutionelle Grundfrage, die üblicherweise nur auf verfassungsrechtlichem Wege, d.h. durch eine verfassunggebende Versammlung entschieden werden konnte. Cromwell, der nicht allein die gesamte Verant-

---

[135] Act declaring England to be a Commonwealth, Gardiner, 388.
[136] Act declaring what Offences chall be adjudged Treason under the Commonwealth, Gardiner, 388 - 391.
[137] Hatschek, a.a.O., S. 339.

wortung übernehmen wollte, ging auf den Vorschlag des Generals Harrison ein, zu diesem Zwecke die würdigsten und religiösesten Vertreter des Volkes zu berufen. Auf diesem Wege entstand das „kleine Parlament" der Heiligen, die wie eine puritanische „Oligarchie" angesehen wurden. Die Konstituierung fand im Rat der Offiziere – unter dem Vorsitz Cromwells – statt, welche geeignete Persönlichkeiten aus entsprechenden Listen wählten, getrennt nach der englischen, schottischen und irischen Nation. Das auf diese Weise zustandegekommene Parlament nannte sich aus alphabetischen Gründen der Listenreihenfolge „Barebone's Parliament"[138].

Das Verfahren fand offensichtlich nicht aufgrund allgemeiner Wahlen, sondern einer dirigierten Auswahl vor allem aus independenten Sekten statt. Die Einberufung des „Parlaments", das bald wieder aufgelöst wurde, stützte Cromwell auf seine Machtstellung als Generalkapitän und Generalgouverneur, die er in der von ihm errichteten Militärdiktatur einnahm[139]. Die sog. „Heiligen" waren puritanische Notabeln englischer, schottischer und irischer Herkunft. Im Hinblick auf die geschilderte Methode der Zusammensetzung wurde die Versammlung auch „Nominated Parliament" genannt. Aus dem religiösen Bekenntnis der meist independenten Abgeordneten wurde die Erwartung hergeleitet, daß sie die gegenwärtigen politischen Probleme der damaligen Gesellschaft zu lösen vermöchten. Die Hoffnung erfüllte sich nicht. Das Parlament war nämlich in sich gespalten und daher zu einer geschlossenen Leistung, wie sie die Errichtung einer Verfassung verlangt, nicht fähig. Dem gemäßigten Flügel stand ein radikaler gegenüber. Dieser versuchte, eine ungewöhnlich regsame gesetzgeberische Tätigkeit auf mehreren Gebieten zu entfalten, die sich sogar auf die Kodifizierung des common law erstreckte. Die Radikalen beabsichtigten, u. a. das Kirchenpatronat und den Kirchenzehnten abzuschaffen.

Auf Grund der Warnung der Gemäßigten gaben jene ihren Auftrag an Cromwell zurück. Ermutigt wurden sie hierbei von einigen mehr konservativen Offizieren, darunter besonders General Lambert. Dieser hatte bereits in den Sitzungen des Offiziersrats vom 12. - 16. Dezember 1653 Kenntnis davon gegeben, daß das „Instrument of Government" seit den letzten beiden Monaten beraten worden sei[140]. Cromwell, der das Instrument zuerst abgelehnt hatte, beriet sich am 12. Dezember nocheinmal mit den Mitgliedern des Offiziersrates, nachdem das „kleine" Parlament auf Grund seiner Verzichtleistung aufgelöst worden war. Kurze Zeit darauf legte General Lambert das Instrument of Government vor, das Cromwell am 16. Dezember 1653 annahm[141].

---

[138] Kluxen, a.a.O., S. 336.
[139] Hatschek, a.a.O., S. 339.
[140] Rothschild, a.a.O., S. 146, Anm. 1.
[141] Der Titel läßt sich hier nicht als Schutzherr im üblichen Sinne bezeichnen. Das Wort „Protektor" deutet vielmehr auf eine vorübergehende Gewalt hin, die in dem höchsten Staatsamt die Herrschaft in einem Zwischenzustand überbrücken soll.

Seit diesem Zeitpunkt war die neue Verfassung, so wurde damals das Instrument genannt, in Geltung[142]. Bei der Eidesleistung erklärte er, daß er gebeten worden sei, die Regierung in der Weise zu übernehmen, wie ihre Formen in der Verfassung niedergelegt seien. Die Kundmachung der Verfassung fand am 2. Januar 1654 statt. Auf ihrer Grundlage erfolgten bald darauf Wahlen in England, Schottland und Irland. Zu jener Zeit war das Wort „Verfassung" im Sinne einer Verfassungsurkunde noch nicht im Sprachgebrauch der Republik. Cromwell redete damals gelegentlich von „Act of Settlement" oder „Act of Government". Das Wort „Instrument" richtete sich seinem Sprachgebrauch zufolge mehr auf die *Urkunde* als auf ihren verfassungsmäßigen *Inhalt*, und zwar im Sinne von *Regierungsurkunde*. Eindeutig machte sie ihn zum unumschränkten Herrscher von England.

2. System

Das Instrument regelte die Regierung von England, Schottland und Irland sowie der dazu gehörigen Dominien. Nach dem System der neuen Ordnung werden die Regierungskompetenzen auf den Protektor, Staatsrat und das Parlament verteilt. Oliver Cromwell wird zum Lordprotektor auf Lebenszeit ernannt. In der ersten Vorschrift (I) wohnt die gesetzgebende Gewalt *sowohl ihm als auch dem Parlament* inne (I, XXII). Die gesetzliche Ausdrucksform ist „reside *in one person, and the people* assembled in Parliament". Das Instrument schafft einen Staatsrat, mit dem der Protektor die Exekutive ausübt. Diese wird in Regierung (chief magistracy) und Verwaltung gegliedert[143]. In Verbindung mit dem Staatsrat nimmt sie der Protektor nach Maßgabe der Bestimmungen des Instruments und der Landesgesetze wahr. Alle behördlichen Erlässe, Privilegien, Übertragungsurkunden usw., die bisher unter dem Amtstitel „der Keepers of the Liberty of England" vom Parlament ausgestellt wurden, sollen nunmehr im Namen und unter dem Amtstitel des Lord Protektors ausgefertigt werden, von dem sich in Zukunft „all magistracy and honours in these three nations" ableiten[144]. Während das Parlament tagt, hat der Lord Protektor die Befehlsgewalt über die Miliz und die militärischen Streitkräfte, die er mit der Zustimmung des Parlaments zum Wohl und Frieden der drei Nationen zu befehligen hat. In den Intervallen, die zwischen den Tagungen der Parlamente eintreten, hat der Lord Protektor die Befehlsgewalt über die Miliz unter Mitwirkung der Mehrheit des Rates[145]. Ferner ist der Lord Protektor für die auswärtigen Angelegenheiten gemäß Ziffer V zuständig. Hiermit

---

[142] Vorbereitet war sie schon lange vorher „had been under consideration for two months past" (nach Lambert).
[143] Ziffer II.
[144] Ziffer III.
[145] Ziffer IV.

wird die Entscheidung über Krieg und Frieden, die an die Zustimmung des Rates geknüpft ist, verbunden.

Eine eingehende Regelung erfährt das Parlament, das zum ersten Mal am 3. September 1654 (in Westminster) und später jedes dritte Jahr einberufen werden soll. Kein Parlament kann während einer Zeit von fünf Monaten, gezählt vom Tag des ersten Zusammentretens, ohne eigene Zustimmung vertagt oder aufgelöst werden[146]. Die Zahl der Abgeordneten wird nach Ländern, Grafschaften, Orten und Städten, auf der Grundlage von Listen in den Wahlkreisen, gewählt[147]. Die Art und Weise der Einberufung zum Parlament und die Durchführung der Wahl sind in Ziffer XI ff. eingehend geregelt. Die Fälschung des Wahlergebnisses wird unter Strafe gestellt. Von der Wahl sind Personen ausgeschlossen, die seit dem 1. Januar 1641 kriegerische Aktionen gegen das Parlament in irgendeiner Weise unternommen haben. Das gleiche gilt für diejenigen, welche sich an der Rebellion Irlands beteiligt haben[148]. Das Instrument gestaltet das Wahlrecht zensitär. Voraussetzung für das Wahlrecht ist ein Vermögenswert von 200 Pfund (Lehnsgut oder Eigentum). In einer besonderen Vorschrift wird hervorgehoben, daß die ordnungsgemäß gewählten Personen (mindestens jeweils 60 von ihnen) das Parlament von England, Schottland und Irland bilden. Dem Lord Protektor liegt es ob, in besonderen Fällen das Parlament einzuberufen, wenn die staatliche Notlage es erfordert. Dies gilt besonders im Falle eines zukünftigen Krieges mit irgendeinem anderen Staat[149]. Die Kompetenz der Gesetzgebung ist in Bestimmungen geregelt, die im Text des Instrumentes zerstreut sind. Im voraus wird festgelegt, daß frühere Gesetze nicht geändert oder aufgehoben und neue Gesetze nicht erlassen werden können, ohne daß die Zustimmung des Parlaments verfahrensmäßig herbeigeführt ist. Besonders herausgehoben werden hierbei Steuern, Gebühren oder Abgaben, die dem Volke auferlegt werden. In den Zusammenhang gehört die Beschaffung von Mitteln zur Bestreitung der Kosten für die außerordentlichen See- und Landstreitkräfte, und zwar mit Rücksicht auf die gegenwärtigen Kriege (nähere Regelung in Ziffer XXX).

Das Gesetzgebungsverfahren ist in der Weise geregelt, daß alle Bills vom Parlament beschlossen und dem Lord Protektor zur *Zustimmung* vorgelegt werden. Von diesem Zeitpunkt an läuft eine Frist von zwanzig Tagen, innerhalb deren er seine Entscheidung zu treffen hat. Für den Fall, daß er in diesem Zeitraum seine Zustimmung nicht erteilt, ist das Parlament nur verpflichtet, eine entsprechende Erklärung abzugeben, daß der Protektor der Vorlage nicht zugestimmt hat[150], bzw. keine zufriedenstellende Antwort erteilt hat.

---

[146] Ziffer VIII.
[147] Ziffer X, XI.
[148] Ziffer XIV, XV.
[149] Ziffer XXIII.
[150] Ziffer XXIV.

Die Regelung bezieht sich nicht auf die Verfassungsbestimmungen des Instrumentes. Es bleibt offen, wie die Rechtslage ist, wenn der Protektor seine Genehmigung ausdrücklich verweigert[151]. Über die Zusammensetzung und die Ergänzung des Rates enthalten Ziffer XXV und XXVI Regelungen, die sich auch auf den Amtsmißbrauch einzelner Mitglieder beziehen. Der Lord Protektor und die Mehrheit des Rates können geeignete Personen in den Rat aufnehmen, vorausgesetzt, daß die Mitgliederzahl einundzwanzig nicht überschreitet. Eine Sondervorschrift bestimmt, daß ständige jährliche Einnahmen festgesetzt werden sollen zur Aufbringung der Ausgaben; insbesondere zum Zwecke der Verteidigung, der Rechtsprechung und anderer Regierungsausgaben. Hierbei ist zu bemerken, daß das Instrument die rechtsprechende Gewalt als solche nicht näher regelt, jedoch in den ersten beiden Bestimmungen (I, II) voraussetzt.

Das Instrument hat in Ziffer XXXV - XXXVII Religionsartikel aufgenommen. Grundsatz ist, daß die christliche Religion gemäß der Heiligen Schrift als das „public" Bekenntnis der beteiligten Nationen vorgeschlagen und empfohlen wird. Besondere Bestimmungen betreffen den Chancellor, Keeper, Commissioner of the „Great Seal" (XIX, XX) sowie die jährliche „revenue" (XXVII).

II. Fortsetzungszusammenhänge

1. Der Übergang vom „Instrument" zur „Humble Petition and Advice"

Nach dem Inkrafttreten des Instrumentes of Government erschien zunächst der Verfassungskampf abgeschlossen. Jedoch war das Volk nicht davon überzeugt, daß es unter der Geltung einer neuen „Verfassung" lebe, mochte auch der Inhalt der Allgemeinheit am Orte der Wahlen vorgelesen worden sein. Das „Instrument" erschien mehr und mehr als ein solches der Revolutionsregierung, als ein „Act of Settlement", der ohne sachliche Mitwirkung des Parlaments von der Armee „gesetzt" worden war. Diese hatte die Grundordnung der Nation „aufgezwungen". Nach seiner Ernennung zum Protektor übte Cromwell die vollziehende Gewalt zuerst im Verordnungswege aus, indem er auf vielen Lebensgebieten derartige Bestimmungen erließ. Der Mittelpunkt der Regierung war dennoch der Staatsrat, in dem Lambert - Vater der Regierungsurkunde - eine vorherrschende Rolle spielte. Nach einem Wort Cromwells war jener in den Zeiträumen zwischen den Parlamenten der Sachwalter des Commonwealth[152].

---
[151] Im allgemeinen wird angenommen, daß es sich nur um ein formelles „Veto" handelt. Daß er durch sein Einspruchsrecht das Gesetz hätte zu Fall bringen können, kommt im Gesetz nicht zum Ausdruck. Somit hat die Regelung nur formellen Charakter.
[152] R. Howell, a.a.O., S. 211.

Das im September 1654 zusammengetretene Parlament begann sofort die Verfassung unter den obigen Gesichtspunkten in Zweifel zu ziehen und die einzelnen Vorschriften zu diskutieren, besonders was die rechtlichen Beziehungen zwischen dem Protektor und dem Parlament betrifft. Die Zielstrebung richtete sich im Grunde genommen auf eine wahrhaft parlamentarische Verfassung, die schließlich an die Stelle des Regierungsinstrumentes treten solle. In der Auseinandersetzung über die Grundfragen legte sich Cromwell auf bestimmte Fundamentalprinzipien[153] fest. In erster Linie beharrte er darauf, daß die Regierung dem Instrument gemäß durch eine einzelne Person, womit er sich selbst meinte, und ein Parlament vorgesehen sei. Ferner bestand er auf einer Garantie, daß das Parlament sich nicht „verewige", damit eine zeitliche Begrenzung seiner Wirksamkeit erreicht werde. Außerdem verlangte er, daß die Miliz sowohl durch den Protektor als auch das Parlament kontrolliert werde. Wie schon öfter bestand er abermals auf der Gewissensfreiheit, womit er auf die religiöse Frage anspielte. Am Ende verlangte er von den Mitgliedern des Parlaments eine schriftliche Erklärung, daß die vom Instrument festgesetzte Regierungsform, nämlich die Formel eine Person und ein Parlament[154], nicht geändert werde. Als er im Parlament immer wieder auf Schwierigkeiten stieß, löste er es im Jahre 1655 auf. Seine Regierung setzte er nunmehr im Rahmen einer Militärdiktatur, die von seinen Generalmajoren unterstützt wurde, fort. Mit ihrer Hilfe glaubte er eine ihm zusagende Zusammensetzung des Parlaments erreichen zu können, das er im Juli 1656 berief. Eine Wendung trat dadurch ein, daß das durch Ausschließung von Abgeordneten „verkleinerte" Parlament beantragte, *Cromwell* zum *König* zu erheben. Dieses Vorhaben scheiterte schließlich an der Armee, die sich gegen die Annahme der Krone aussprach[155]. Im Verlauf dieser Vorgänge entließ Cromwell die Generalmajore, u. a. deswegen, um sich freie Hand hinsichtlich der ihm angebotenen Würde zu bewahren.

2. „The Humble Petition and Advice" v. 25 May 1657

Mit dem oben erwähnten Angebot stand der Entwurf einer neuen Verfassung im inneren Zusammenhange. Der Vorspruch lautet im Urtext folgendermaßen: "To his Highness the Lord Protector of the Commonwealth of England, Scotland and Ireland, and the dominions thereto belonging, The Humble Petition and Advice of the knights, citizens and burgesses now assembled in the Parliament of this commonwealth." Cromwell nahm die Verfassung, die den Königstitel nicht enthielt, ohne Einschränkung an. Er wurde daraufhin am 26. Juni 1657 zum zweiten Mal zum Protektor gewählt. Indes hatte sich

---

[153] R. Howell, a. a. O., S. 227.
[154] R. Howell, a. a. O., S. 227.
[155] Kluxen, a. a. O., S. 339 ff., was ihn zur Ablehnung bewog.

II. Fortsetzungszusammenhänge 57

seine Rechtsstellung seit den Tagen des Instruments of Government geändert. Äußerlich betrachtet werden ihm in der Petition persönliche Würden, die an das Königtum früherer Zeiten erinnern, zuerkannt. Dies zeigt sich vor allem darin, daß er als „Hoheit" gebeten wird. Die Ausdrucksform ist „That your Highness will be pleased", „to hold and exercise the office of chief magistrate of these nations"[156]. In dieser Bestimmung wird die Hoheit zugleich gebeten, die Person, die ihm nach seinem Tode in der Regierung über die drei Nationen unmittelbar folgen soll, zu bestimmen. Eine weitere „Bitte" bezieht sich darauf, daß er ein aus *zwei* Häusern bestehendes Parlament einberuft[157]. Auf diese Weise sollte die Macht des Parlaments vermehrt und zugleich an die einstige Tradition dieser Institution dadurch angeknüpft werden, daß die zweite Kammer als eine Art Oberhaus organisiert wurde. Hierzu führt Hatschek aus: „Man hatte jetzt einsehen gelernt, daß ohne das Königtum in England nicht zu regieren wäre und, da dieses Königtum ein Oberhaus brauchte, auch die Notwendigkeit eines Oberhauses in den neuen Verfassungsentwurf eingesetzt." Bei der ersten Errichtung sollte Cromwell die Mitglieder des Oberhauses mit dem Einverständnis des Unterhauses ernennen. In den späteren Fällen ist die Zustimmung des Oberhauses erforderlich. Die gerichtlichen Befugnisse der Mitglieder des Oberhauses werden gegenüber dem früheren Rechtszustand eingeschränkt. Ihre Zahl darf 40 nicht unterschreiten und 70 nicht überschreiten. Ihre Würde ist nicht wie früher erblich.

Das Gesetz sieht dreijährige Parlamente vor. Die Petition bestimmt, daß die Abgeordneten in einer freien Wahl vom Volke gewählt werden[158]. Hinzugefügt wird in dieser Bestimmung (Ziffer 3), daß sie nicht ausgeschlossen werden dürfen "from sitting in Parliament to do their duties, but by judgement and consent of that House whereof they are members". Die Vorschrift bezweckt letztlich, die Institution des Parlaments als einer verfassungsrechtlichen Grundeinrichtung zu gewährleisten und zu schützen. Diese Tendenz lassen auch andere Bestimmungen erkennen.

Dem Machtzuwachs des Parlaments entspricht eine Abschwächung des früheren Staatsrates, der durch einen Privy Council ersetzt werden soll. Ziffer 8 der Verfassung legt die Voraussetzungen fest, die die Mitglieder zu erfüllen haben. Vor allem wird verlangt, daß sie sich zu den „Rechten dieser Nationen" unzweifelhaft bekennen. In Ansehung der Religion wird „a just Christian liberty"[159] vorausgesetzt. Die Aufnahme in den Council bedarf der Billigung beider Häuser des Parlaments. In dem Zusammenhang, in dem die Stellung des Privy Council umrissen wird, handelt es sich auch um die Rechts-

---

[156] Zitiert nach J. P. Kenyon, The Stuart Constitution 1603 - 1688, Documents and Commentary, The Interregnum, 1649 - 1660, S. 351.
[157] Kenyon, a.a.O., S. 351, Ziffer 2.
[158] Ziffer 3; Kenyon, a.a.O., S. 351.
[159] Ziffer 8.

verhältnisse des stehenden Heeres des Commonwealth[160]. In den Intervallen zwischen den Parlamenten befehligt es der „chief magistrate by the advice of the Council". Die Formel „by the advice of your Council" kehrt wieder in dem Satz, daß die „Hoheit" und ihre Nachfolger gebeten werden, die Regierung mit dem *Ratschlag* des Council auszuüben[161] (by the advice).

Ungewöhnlich umfangreich sind die Religionsartikel[162]. Ausgegangen wird von der „wahrhaften protestantischen christlichen" Religion, wie sie in den „Heiligen Schriften des Alten und Neuen Testaments" enthalten ist. Der Text fährt fort "and no other, be held forth and asserted for the public profession of these nations"[163]. Es schwebt der Verfassung vor, daß das Parlament und der Protektor dieses Glaubensbekenntnis als Staatsreligion anerkennen. Die religiöse Freiheit und die des Kultus werden nur denjenigen zugestanden, die sich auf den Boden der obersten Glaubenssätze stellen[164].

Am 26. Juni 1657 werden der Petition weitere Bestimmungen hinzugefügt, die an der Gesamtkonstruktion nichts ändern („Zusätzliche Petition and Advice").

Aber jene „ehrerbietige" Bittschrift vermochte weder die Unruheherde auszuräumen noch eine Einigkeit im Parlament, das am 20. Januar 1658 unter der Protektoratsherrschaft Cromwells – als sein letztes – zusammentrat, herbeizuführen. Am 4. Februar entließ er im Streit beide Häuser.

Den Zeitgenossen mochte die „Humble Petition and Advice" als eine Fortsetzung oder Erneuerung des „Instrument of Government" erschienen sein, aber sie lehnte sich innerlich nicht an die Militärdiktatur, sondern an die Verfassungsbräuche der der Republik vorausgegangenen Epoche an.

Eine einheitliche Beurteilung der „Verfassungslage" im Sinne der Thematik ist von vornherein deshalb ausgeschlossen, weil die Bestrebungen uneinheitlich gewesen sind. Der Gesamtwille „zur Verfassung" hin ist in sich gebrochen und unschlüssig. Die einzelnen Anläufe sind von der Konstituierung her gesehen unfrei, unentschieden und ständig von der gewaltsamen Aufhebung bedroht. Die schriftliche Niederlegung des Textes ändert nichts daran, daß ihm die innere „Definitivität" fehlte, die von einer Verfassung zu fordern ist.

Auf Grund neuerer Untersuchungen ist es möglich, den Zeitraum der englischen Republik von 1649 bis 1660 nach typischen Phasen übersichtlich zu gliedern[165]. Die erste Phase steht noch im Zeichen der Regierung des

---

[160] "disposed of by the chief magistrate by the consent of both Houses ...".
[161] Ziffer 8; Kenyon, a.a.O., S. 354.
[162] Ziffer 11.
[163] "and that a Confession of Faith, to be agreed by your Highness and the Parliament ... be asserted held forth and recommended to the people of these nations".
[164] Siehe hierzu 5. Teil.

II. Fortsetzungszusammenhänge

Rumpfparlamentes 1649 - 1653. Es schließt sich die erste Phase der „Godly Rule" an (The Barebones Parliament). Das „Instrument of Government" fällt in die erste Phase „of Healing and Settling" des Protektorates. Im Mittelpunkt befindet sich das erste „Protectorate Parliament". Den Schluß bilden „Plots and royalist insurrection". Im Anschluß wird die zweite Phase der „Godly Rule" (1655 - 1656) behandelt, und zwar mit dem zweiten Abschnitt „of Healing and Settling: The Lord Protector" (1656 - 1658).

Ein Epilog bezieht sich auf die Restauration unter König Karl II.

Ein Zusammenhang zwischen dem Instrument und Protektorat besteht aus naheliegenden Gründen in mehrerer Hinsicht. Die Ordnung führt ein eigenartiges „Triumvirat" ein, bestehend aus dem Protector, dem Staatsrat und dem eingehend geregelten Einkammerparlament. Der Trichotomie ging ein dualistisch gestalteter Vertrag voraus, wonach die höchste Autorität des Commonwealth sich einerseits in *einer* Person verkörpert, aber auch das Volk im Parlament vertreten ist. Wiewohl das Postulat der Volkssouveränität grundsätzlich anerkannt wird, kann das Parlament allein noch keine zufriedenstellende Regierung, wie die Erfahrung gelehrt hat, garantieren. So erklärt sich, daß eine Art Subordinierung unter den Staatsrat für angebracht erachtet wird.

---

[165] Toby Barnard, The English Republic, 1649 - 1660, in: Seminar Studies in History, 1982/84, S. 8ff.; G. Barudio, Das Zeitalter d. Absolutismus u. d. Aufklärung, 1648 - 1779, Fischer Weltgeschichte, Bd. 25, 1981/85, S. 320ff., 168ff., 32ff., 314ff.

Vierter Teil

Das Königreich und die Verfassung

I. Die Revolutionsverfassung in England

Die Dogmatik hat vor allem die Unterscheidung zwischen der geschriebenen und ungeschriebenen Verfassung in den Vordergrund der Betrachtungen des Beobachtungszeitraumes 1640 - 1660 gestellt. Demgegenüber wird der Charakter einer Revolutionsverfassung, der den Verfassungsanläufen anhaftet, nur wenig betont. Aber er verbirgt sich hinter dem revolutionären Regime als solchem, dessen Revolutionscharakter in der allgemeinen Geschichtsschreibung zu deutlichem Ausdruck gelangt[166].

Mit der „ehrerbietigen Bittschrift" war das Zwischenstadium der Verfassungsurkunden zu Ende gegangen. Spätere Spurenelemente bedürfen keiner Untersuchung mehr, um so weniger als die oben erwähnte Verfassung die bevorstehende Wiederherstellung des Königtums, allerdings ohne ausdrückliche Erwähnung, anzukündigen schien. Ferner erübrigt sich, auf das angedeutete Schicksal des am 20. Januar 1658 einberufenen und einige Tage später von Cromwell aufgehobenen zweiten Parlaments nochmals einzugehen. Jedoch ist hervorzuheben, daß das neue Parlament wieder der Wahleinteilung folgte, die unter den Stuarts üblich war[167].

Nach dem Tode Cromwells verzichtete sein Sohn Richard, der designiert war, auf das Protektorat. Obwohl die Wiedereinsetzung der Stuarts kurz bevorsteht, wird nocheinmal das „Lange Parlament" einberufen, das am 13. Oktober 1659 zum zweiten Mal aufgelöst wird. Abermals taucht in schwachen Ansätzen auf der Basis einer „Sicherheitskommission" der innerlich unwahrscheinliche Plan auf, die Verfassungsfrage wieder anzurühren. Jedoch findet eine Kodifizierung nicht statt. Ludlof findet den Ausweg, daß „einige Bewahrer der Freiheit", sie heißen „Conservators of Liberties" eine Anzahl von Punkten festlegen sollen, auf deren Grundlage sie die Entscheidung über Streitigkeiten zu treffen haben, die etwa zwischen dem Parlament und dem Heer ausbrechen können[168].

---

[166] Zum Wesen der Revolutionsverfassung siehe H. Eichler, Index – Quaderni camerti di studi romanistici International Survey of Roman Law, Napoli 1977, S. 141 ff.

[167] Rothschild, a. a. O., S. 166 ff.

[168] Rothschild, a. a. O., S. 169.

I. Die Revolutionsverfassung in England

Die genannte Einrichtung greift indes über den Zeitraum der ihr eingeräumten Zuständigkeit hinaus. Denn im Jahre 1660 tritt das „Convention Parliament" zusammen. Hierin kündigt sich nunmehr auch institutionell jener lang gestreckte Vorgang an, der Restauration genannt wird, mit der der Verfassungszustand, der vor der Revolution bestand, wiederauflebt. Der Blick wendet sich nunmehr sowohl dem einstigen als auch dem künftigen Königtum und den ihm gemäßen Grundordnungen zu. Das Gesamtbild der Vergangenheit und Zukunft tritt in das allgemeine Bewußtsein. Zugleich nimmt der überkommene, revolutionäre Charakter jetzt nach Abschluß der Zwischenperiode ideenhafte Formen an, die klar und deutlich in die geschichtliche Schilderung eingehen.

Der Weg in die englische Revolution (1625 - 1649) nahm seinen Ausgang als Reaktion auf das persönliche Regiment Karls I. und das selbstherrliche royalistische System. Die Errichtung der parlamentarischen Republik war unter den obwaltenden Umständen eine revolutionäre Folgeerscheinung. Dies gilt auch für die sich anschließenden Verfassungsansätze im Commonwealth und Protektorat. Die Zusammensetzung der Parlamente, die in kurzen Abständen aufeinander folgten, hat Anlaß gegeben, die besonderen Ursachen der sogenannten *„Puritanischen Revolution"* aufzudecken und hieraus gleichsam ein System zu entwickeln. Jedoch läßt sich der revolutionäre Grundcharakter der gesamten Umwälzung von dieser Seite her nicht rechtlich einschränken. Denn alle Verfassungsbestrebungen waren, ebenso wie das republikanische Regime selbst, in einem allgemeinen Sinne revolutionär, mochten auch die religiösen puritanischen Nuancierungen den Bestrebungen eine besondere Motivation geben. Das gewonnene Ergebnis beruht auf der Überlegung, daß die Verfassungsbewegung bestrebt war, die Erfolge, die der Bürgerkrieg dem Regime eingebracht hatte, durch eine Reglementierung zu gewährleisten und aufrecht zu erhalten. Die „ehrerbietige Bittschrift" macht hiervon insofern eine Ausnahme, wie mehrfach angedeutet, als sie mit Vorsicht bereits den alten Boden der Monarchie wieder betritt. Dies gelangt z. B. in der Einrichtung des Oberhauses zum Ausdruck. Mit Rücksicht auf den Gesamtvorgang scheidet daher eine Rechtfertigung der geschilderten Verfassungsansätze im einzelnen aus. Entwürfe und vollendete Konstitutionen brauchen dabei nicht unterschieden zu werden, weil alle derartigen Phänomene als ein gesamtheitliches Verfassungswerk zusammenzufassen sind, das in den Zeitraum des Interregnums von 1649 - 1660 fällt. Soweit einige Vorstufen vor diesem Zeitpunkt liegen, werden sie aus dem Gesichtspunkt der inneren Verbundenheit einbezogen.

Mit der Beendigung der gekennzeichneten Zwischenperiode und dem Beginn der sog. Restauration ist das „Verfassungswerk" als solches politisch obsolet geworden. Vom vergleichenden verfassungsgeschichtlichen Standpunkt aus gesehen bleibt allerdings festzuhalten, daß die urkundliche Form später in anderen Staaten vorbildlich geworden ist, so z. B. in Frankreich.

Welches Schicksal die einzelnen noch fortbestehenden Institutionen, die sich auf die erörterten Verfassungen gründen, genommen haben, ist in der geschichtlichen Darstellung der späteren Entwicklungsabschnitte zu beschreiben[169].

II. Die Wiederherstellung

Der Gedanke der Restauration bedeutete ursprünglich, daß eine vertriebene Dynastie wieder eingesetzt wird. Eine solche Vorstellung wird häufig auf die Stuarts in ihrer Situation während der Mitte des 17. Jahrhunderts angewendet. Indes liegt auf der Hand, daß es sich nicht nur um das Herrschergeschlecht handelte, sondern selbstverständlich auch um die verfassungsrechtliche Ordnung des Staates überhaupt, in die jene Dynastie früher eingefügt war. Die sog. Wiederherstellung bezog sich also auf die überkommene Verfassung der vorrevolutionären Ära, die nach dem Fortfall der damals fremdartigen, geschriebenen Verfassung von selbst ihre weitere Geltung forderte. Das Gesamtbild entspricht etwa einer Überwölbung, die insgesamt drei Entwicklungsabschnitte überdeckt. Von ihnen wird die gesamte englische und britische Verfassungsgeschichte ergriffen. Zuerst nämlich die Verfassung des Feudal- und Ständestaates, einschließlich der englischen Kirche als Staatskirche, sodann die Verfassung der absoluten und konstitutionellen Monarchie sowie zuletzt der parlamentarischen Monarchie. Die Gegenüberstellung läuft auf eine Gesamtgliederung der Historie hinaus.

---

[169] Das Interesse wendet sich zuerst besonders König Karl II. zu, der in Frankreich im Exil gelebt hatte. Er wurde genannt „the Merry Monarch". Mit ihm wurde das frühere Oberhaus wiederhergestellt. Die Miliz wurde auf ihren vorrevolutionären Zustand zurückgeführt.
Zu vermissen ist im Schrifttum einen umfassende Gesamtschau auf die Verfassungslage in den ersten Jahren der Restauration und die rechtliche Hinwendung zum „Status quo ante bellum". Verfassungsrechtliche Grundlage ist zuerst „the Convention Parliament of 1660", die erwähnte Erklärung von Breda (4. IV. 1660, Gardiner, 465 - 467), ferner der „Act abolishing Relics of Feudalism and Fixing an Excise" (24. II. 1660) sowie der „Corporation Act" (20. XII. 1661). In dieses Jahr fällt auch der „Militia Act", der dem König den erwähnten Oberbefehl überträgt.
Die Existenz eines stehenden Heeres wurde durch die früheren Erfahrungen gerechtfertigt, die in der Zeit des Interregnums mit den Puritanern und Levellern gemacht worden waren.
Das englische Schrifttum geht von einem neuen Start der Stuart-Monarchie aus, die sich erst der allgemeinen europäischen Entwicklung anpaßt "...which was now firmly in favour of royal autocracy and against the direct participation of elected assemblies in government ..." (so Kenyon, Stuart England, S. 210).
Nach der Wiederherstellung des Königtums der Stuarts wandte sich der Uniformity Act von 1662 wieder der anglikanischen Bischofskirche zu, indem er dem Klerus die Verpflichtung auferlegte, das allgemeine Gebetbuch und die 39 Artikel in ihrer Gesamtheit („plus ordination by a bishop") zu akzeptieren (Kenyon, a. a. O., S. 198ff.).
"As puritanism fell, so the Church of England rose, but it only rose towards in Indian summer. In common with all other hierarchical churches, including the Roman Catholic, its power over men's minds was being eroded" (S. 201).

II. Die Wiederherstellung

Vom Standpunkt verfassungsrechtlicher Orientierung drängt sich zwischen die beiden Begrenzungsposten ein dritter Abschnitt, der die Republik von 1649 - 1660 umfaßt. Zeitlich gesehen ist der Abschnitt, der nur vorübergehende Bedeutung hat, in der Reihenfolge der zweite und mittlere.

Nach der Aufhebung der Republik schließt sich ohne weiteres die Lücke, mit der Folge, daß sich die beiden zuerst genannten Staatsformen lückenlos anschließen. Rothschild führt hierzu aus, daß die Restauration die frühere Verfassung, wie sie in der Zeit vor dem Bürgerkrieg bestanden habe, wieder aufgebaut habe[170]. In dem Zeitpunkt, in dem die einstige Ordnung der Dinge wieder Leben gewinnt, verstummt ohne weiteres die geschriebene Verfassung. Der Genannte ruft noch in die Erinnerung zurück, daß Karl II., kurz bevor er seine Krone entgegengenommen habe, in dem Convention Parliament nur unter einigen Beschränkungen wieder aufgenommen werden solle. Der Vorschlag, der nur von einigen Mitgliedern stammte, wurde bald wieder fallen gelassen. Feststeht, daß sich die Rechtsstellung des Königs innerhalb der britischen Verfassung, verglichen mit der früheren, seit der sog. Restauration im Verhältnis zum Parlament abschwächte, eine Veränderung, die bis in die Gegenwart fortwirkt. Andererseits ist zu berücksichtigen, daß sich die Wiederherstellung nicht auf das Königtum und den König beschränkte, sondern mehr oder weniger das ganze Volk erfaßte. Mit dem einstigen Verfassungsrecht lebten einstige Rechtsauffassungen und mit ihnen Lebensanschauungen der einzelnen wieder auf. Die Unterbrechung der Rechtskontinuität wird von der offiziellen Meinung nicht anerkannt; ähnlich reagiert die allgemeine Denkungsweise. Eine Einschränkung ist jedoch zu machen: soweit das englische Volk in den Revolutionsverfassungen Postulate niedergelegt hat, die sachlich gerechtfertigt waren, sind sie zum größten Teil in der späteren Entwicklung berücksichtigt worden[171].

Unter dem restaurierten Königtum Karls II. (1660 - 1685) wurde das Oberhaus wiederhergestellt, und zwar unter Wiederaufnahme der 1642 ausgeschlossenen Bischöfe. Der Klerus der anglikanischen Staatskirche trat wieder in seine früheren besonderen Rechte ein.

---

[170] Rothschild, a.a.O., S. 170. Das Phänomen Restauration hat sowohl die Art und Weise der Bewegung, die die Wiederherstellung anstrebt oder darauf hinwirkt, als auch die Wiederherstellung des früheren Zustandes selbst im Rahmen der geschichtlichen Entwicklung im Auge. Durch die Restauration entsteht schließlich eine neue Aera, die im Fortgang der Zeit vom Standpunkt rückwärtiger Betrachtung auch als Rest. bezeichnet wird. So zuletzt W. Wegener, HRG 28. Lieferung, Sp. 940. Ein fester Sprachgebrauch hat sich nicht eingestellt, weil er bald enger bald weiter gehandhabt wird. Die englische Geschichte geht von einem sehr umfassenden Sinne aus, wenn sie ihn auf die zweite Herrschaft der Stuarts (1660 - 1688) anwendet. Der Vorgang ist mit der Glorreichen Revolution als abgeschlossen anzusehen.
Zum Begriff der Revolution, insbesondere der Glorreichen Revolution siehe M. Stolleis, HRG 28. Lieferung, Sp. 961.

[171] Rothschild, a.a.O., S. 170.

Am 4. April 1660 erging die bekannte Erklärung Karls II. von Breda, in der er u. a. eine Amnestie verkündete:

"And to the end that fear of punishment may not engage any, conscious to themselves of what is past, to a perseverance in guilt for the future, by opposing the quite and happiness of their country[172]."

In diesem Zusammenhang spricht der König von "the restoration of king, peers and people to their just, acient and fundamental rights". Die Erwähnung der fundamentalen Rechte des einzelnen ist deshalb hervorhebenswert, weil hier im allgemeinen keine verfassungsrechtlichen Garantien gegeben wurden[173].

Karl II. datierte die Urkunde, die die Deklaration zu Breda enthielt, aus dem 12. Jahre seiner Regierung, um die Unterbrechung durch die Republik nicht in Erscheinung treten zu lassen. Auch diese Überdeckung spricht gegen die Anwendung von Restaurationsvorstellungen, wie sie im 18. Jahrhundert in Frankreich und im 19. Jahrhundert in Österreich bekanntlich im Schrifttum vertreten wurden. Dies lenkt den Blick auf die Internationalität der Grundstimmungen und Gestaltungsgedanken, der Ereignisreihen und Folgeerscheinungen.

Aus welchen geschichtlichen Zusammenhängen ist herzuleiten, daß die geschilderte englische Entwicklung von 1640 - 1660 in Europa nicht allein steht, sondern daß sich in anderen Ländern Kontinentaleuropas ähnliche politische Veränderungen angebahnt haben, wie z. B. in Spanien zur Zeit Phillips IV. und in Frankreich zur Zeit der Bewegung der Fronde, die sich gegen den Absolutismus Mazarins richtete?

---

[172] Gardiner, a. a. O., 465 - 467, "we do ... declare, that we do grant a free and general pardon".
[173] Rothschild, a. a. O., S. 170.

Fünfter Teil

Die Kirche und die Verfassung

I. Grundstimmungen und Gestaltungsgedanken

1. Grundlagen der kirchlichen Verfassung in England

Die bisherige Darstellung bezog sich auf das einstige Königreich und das folgende Protektorat, kam aber wieder auf das Königreich zurück. An verschiedenen Stellen sind religiöse und kirchliche Einflüsse auf das wandlungsreiche, politische Geschehen sichtbar. Die Vorstellung, daß die Kirche innerhalb dieses Zeitraumes „im Staate" waltet, sei es im Rahmen einer eigenen sei es im Rahmen einer höheren Organisation, gibt Veranlassung, nach der Existenz und dem Wesen einer eigenartigen *kirchlichen* Verfassung zu forschen, und zwar unter Berücksichtigung der Notwendigkeit, zwischen den inneren und äußeren „Angelegenheiten" zu unterscheiden.

Geschichtlicher Anknüpfungspunkt ist offensichtlich die Anglikanische Kirche, die in diesem Zusammenhange als englische Staatskirche aufgefaßt wird. Hiermit wird die Antithese zur römischen Kirche impliciter angedeutet. Von vornherein weist die Bezeichnung „Established Church of England" sprachlich auf eine Institution, damit auch Konstitution, sui generis hin, so daß die apodiktische Gleichsetzung mit katholischen und protestantischen Formen, wie sie häufig vorkommt, ungerechtfertigt ist. Anderseits ist der oft geschilderte Bruch mit „Rom" bzw. dem „Papsttum" nicht ohne weiteres als ein definitives Ausscheiden mit der Folge völliger Verselbständigung aufzufassen. Vielmehr sind Differenzierungen nach Form und Inhalt erforderlich. Dies zeigt sich an Attributen, wie „nationalkatholisch" im Gegensatz zu katholisch, der dadurch zum Ausdruck gebracht wird, daß „autokephale" hingefügt wird, womit gesagt werden soll, daß die englische Kirche unter „eigenen Oberhäuptern" steht[174].

---

[174] Zur Begriffsbestimmung siehe Paula Schaefer, Die katholische Wiedergeburt der Englischen Kirche, Beiheft zur Hochkirche Nr. 1, München 1933, S. 9ff., die darauf hinweist, daß der Anglikanismus im Laufe der Zeit verschiedene Richtungen unter seinem Dache vereinigt; einerseits ist es eine Restgruppe, die den anglikanischen Glauben nach der Seite des Protestantismus auszulegen versucht und anderseits eine Gruppe, die sich der römischen Kirche eng annähert. Die Autorin hebt mit Recht hervor, daß eine kirchliche Gemeinschaft nicht nach ihren Extremen beurteilt werden dürfe. Von diesem Gesichtspunkt wird das Ergebnis gewonnen, daß die erörterte Institution „in

5. Teil: Die Kirche und die Verfassung

Der Aufbau hat sich stufenweise vollzogen. Im Vordergrunde stehen politische Ursachen, die die Reformation in England maßgebend bestimmt haben. Nach allgemeiner Ansicht ist sie unter dem lenkenden Einfluß der staatlichen Gewalt eingeführt worden. Am Anfang stand das englische Schisma, das auf Heinrich VIII. zurückging und bewirkt hatte, daß sich England „zur römischen Obedienz" hielt[175]. In Gottesdienst und Lehre drang der Protestantismus unter Eduard VI. vor; aber erst, nachdem die Versuche Marias, den Katholizismus zu restaurieren, gescheitert waren, verwirklichte Elisabeth I. die anglikanische Kirche endgültig.

In diesen Prozeß schaltete sich die Gesetzgebung des Parlaments ein. Nach Abschluß der eherechtlichen Streitigkeiten des Königs[175a] ergingen u. a. die Gesetze, die seine Stellung im Rahmen der kirchlichen Verfassung betrafen. Es handelte sich vor allem um die Ernennung der Bischöfe durch den König, d. h. nicht durch höhere Instanzen, ferner um die Unterstellung des Klerus unter die staatlichen Gesetze[176]. Die Statuten des Parlaments in der Zeit von 1529 - 36 hoben die päpstliche Rechtsprechung, was ihren Einfluß auf die Kirche von England betraf, auf und machten die Gesetzgebung der Kirchenversammlung (convocation) von der königlichen Zustimmung abhängig. Der

---

ihrer gesunden breiten Mitte" „eben anglikanisch ist" (a. a. O. S. 10). Einschlägig ist der Abschnitt „Die Kirche und die Reformation (1531 - 1562)". In diesem Kapitel wird näher dargelegt, daß sich Heinrich VIII. von der Oberherrschaft des Papstes lossagte und hierdurch England unabhängig von der Oberhoheit erklärte. Im Jahre 1532 verzichteten die Konvokationen durch ihre Submissionserklärung, ohne königliche Berufung zusammenzutreten. Von verfassungsrechtlicher Tragweite ist die Wandlung, daß das Parlament an die Stelle der Konvokationen trat. Diese erklärten, daß Heinrich „The singular protector, only and supreme lord and supreme head of the English Church and Clergy" sei. Heinrich soll eine Erklärung abgegeben haben, daß er mit diesem Titel nicht beabsichtigt habe, sich priesterliche Kompetenzen anzumaßen. „Nur soweit die Kirche mit Besitz- und Rechtspflege zu tun hatte, wollte er die oberste Entscheidung haben". Hinzugefügt wird, daß diese Dinge in der Realität des Lebens nicht zu trennen gewesen seien.
Im Jahre 1534 verabschiedete das Parlament das Suprematgesetz, wodurch die Staatskirche de jure errichtet wurde, ein Gesetzesakt, den Königin Elisabeth 1559 erneuerte.
Zum englischen Schisma und die Reformation in England sowie dem Eheprozeß Heinrichs VIII. und der englischen Kirche unter Elisabeth I. siehe Handbuch der Kirchengeschichte, S. 341 ff.; Zur Kirchenverfassung: G. R. Elton, The Tudor Constitution, Documents and Commentary, Cambridge 1960; Tudor Royal Proclamations I, ed. P. G. Hughes - I. F. Larkin, New Haven 1964; E. W. Kemp, Counsel and Consent. Aspects of Church Government, London 1961; E. T. Davies, Episcopacy and the Royal Supremacy in the Church of England, Oxford 1950.
Gesamtdarst.: A. G. Dickens, The English Reformation 1964.

[175] Handbuch der Kirchengeschichte, S. 341, 27. Kapitel, Das englische Schisma und die Reformation in England. Aufgeführt werden u. a. die Gesamtdarstellungen von N. Sanders, De origine ac progressu schismatis Anglicani (Köln 1585); C. Constant, La réforme en Angleterre, 2 Bde. (Paris 1930 - 39), bis Eduard VI einschl.

[175a] H. Thieme, Die Ehescheidung Heinrichs VIII ..., Karlsruhe 1957.

[176] R. Sieper, a. a. O., S. 132 ff.

I. Grundstimmungen und Gestaltungsgedanken

König wurde im Jahre 1534 zum „king supreme head of the Church" erklärt. Die Erhöhung schloß die Bestimmung der höchsten Grundsätze der Kirchenlehre ein. Die Bischöfe waren verpflichtet, den Eid auf die Oberherrschaft des Königs zu leisten, den einzelne verweigerten (z. B. Thomas More).

Die anglikanische Kirche wurde zwar auch in Irland eingeführt, dennoch blieb das Land weithin katholisch. In Schottland betrieb Mary Tudor (1553 - 58) die Restauration des Katholizismus, besonders durch Verfolgung der Protestanten (u. a. Cranmer und Latimer). Der schottische Reformer John Knox ging gezwungenermaßen in die Verbannung.

Unter der Regierung von Eduard VI. (1547 - 53) und Elisabeth (1558 - 1603) entstand das „Common Prayer Book", das als allgemeines Gebetbuch zum Gebrauch in der Kirche von England (auf Grund der Vorarbeiten unter Heinrich VIII.) eingeführt wurde. Elisabeth versuchte, durch die Revision eine Befriedung des Streites unter den katholischen und protestantischen Parteien herbeizuführen. Die englische Kirchenreform fand durch anglikanische Theologen eine theoretische Fundamentierung, namentlich durch Richard Hooker „Laws of Ecclesiastical Polity"[177]. Der Act of Uniformity von 1559 durchdrang die anglikanische Kirche in vieler Hinsicht mit protestantischen Lehren, aber die bischöfliche Verfassung und manche katholische Riten bewahrten sich. Der Act of Supremacy sah Sanktionen gegen die Geistlichkeit vor, die die Königin nicht als oberste Herrscherin der Kirche anerkannte. Der innere Zusammenhang zwischen den einzelnen Kirchengesetzen, die hier nur beispielsweise aufgeführt worden sind, und dem allgemeinen Gebetbuch, legt es nahe, beides unter den Gesichtspunkt einer einheitlichen Kirchenverfassung zu bringen. Dies ergibt sich aus ihrer Verflechtung mit den gesetzgebenden Organen, nämlich einerseits dem König und andererseits dem Parlament. Dessenungeachtet sind selbstverständlich die Bekenntnisgrundlagen kirchenrechtlich von den einzelnen Kirchengesetzen zu trennen. Glaubensnormen enthalten vor allem die zehn Artikel von 1536 sowie die sechs Artikel von 1539, ferner das Bischofsbuch und das Königsbuch von 1537 und 1543[178].

Unter Elisabeth erging eine neue Supremats- und Uniformitätsakte, durch welche einige Kirchengesetze, die von Königin Maria aufgehoben waren, wieder inkraftgesetzt wurden. Puritanische conventicles – es handelte sich um verschiedene Gruppen von Presbyterianern und Congregationalisten – unterdrückte der Gerichtshof der Hohen Kommission auf Veranlassung der Königin. Der Versuch einer prokatholischen Rebellion, durch die die Nachfolge der Maria Stuart herbeigeführt werden sollte, scheiterte an der Exkommunikation von Elisabeth (1569 - 70).

---

[177] London 1907 (letzter Druck 1969).
[178] Zit. nach Handbuch der Kirchengeschichte, S. 348.

2. Anglikanismus und Puritanismus

Im Laufe der Zeit hatte sich die Vorstellung von einem Anglikanismus im Bereich der Kirche dergestalt entwickelt, daß zuerst das Prinzip der geschilderten Trennung vorherrschte. Später war es die prägende Auseinandersetzung mit den vom Kontinent eindringenden Kirchenlehren. Auf diesem Wege bildeten sich Wortverbindungen, die einerseits auf einen anglikanischen Katholizismus andererseits auf eine protestantische Version der christlichen Religion hinausliefen[179].

In diese Disputationen griff seit etwa 1570 zusätzlich die Idee des Puritanismus ein, dessen Sinn und Zweck auf Ablehnung der episkopalen Kirchenverfassung als eine allgemeine Reinigungsbewegung gerichtet war, wohingegen beispielsweise eine besondere Vorstellung mit der Presbyterialverfassung verbunden wurde. Ihre eigenständige geschichtliche Entwicklung hat nicht zu verhindern vermocht, daß die Presbyterianer als eine besondere Gruppe des englischen Puritanismus angesehen worden sind. Zu den Puritanern werden außerdem die Kongregationalisten (Independenten und Separatisten) im späten 16. Jahrhundert gerechnet.

Im Hinblick auf die Stellung, die die Königin im Streit um die anglikanische Kirche einnahm, wurde ihre „persönliche" Religionsanschauung als „Supreme Governor" Gegenstand allgemeiner Betrachtungen, weil sie zugleich für *Staat* und *Kirche* sprach. Im Vordergrund steht ihre Ablehnung des Puritanismus. Die Revision des C.P.B. fußte auf dem katholischen Standpunkt, mit dem sie sich ebenfalls prinzipiell auseinanderzusetzen hatte[180]. Die Puritaner drängten die damalige englische Regierung auf ein protestantisches „Settlement"[181] hin, das sie allerdings nur als eine vorübergehende Lösung beurteilten[182]. Im Parlament gelang es der Königin, die auf Ausgleich bedacht war, den vordrängenden Puritanismus zurückzuweisen. Bei der parlamentarischen Statuierung der 39 Artikel der Konvokationen von 1563 vermochte sie ihren Standpunkt durchzusetzen.

Ein besonderes Kapitel umfaßt die Untersuchung der kontinentalen Ursprünge des anglikanischen Staatskirchentums[183]. Gemeint sind die auf der lutherischen Lehre beruhenden politisch-kirchlichen Systeme Calvins und Zwinglis. In erster Linie geht es um die Anwendung der Genfer Presbyterialverfassung auf die Verhältnisse der anglikanischen Kirche. Whitgift griff die Erwählungsgedanken Calvins auf, um sie mit der anglikanischen Kirchenform

---

179 J. W. C. Wand, Anglicanism in History and Today, London 1961, S. 21.
180 Wand, a.a.O., S. 20; Schaeffer, S. 21.
181 Zum Begriff des Settlement, Kluxen, a.a.O., S. 208, 210.
182 Kluxen, a.a.O., S. 211.
183 Siehe H. Kreßner, Schweizer Ursprünge des anglikanischen Staatskirchentums, Frankfurt a. M. 1953, S. 40 ff.

I. Grundstimmungen und Gestaltungsgedanken

zu vereinigen. Nach anderer Auffassung ist die Lösung weniger bei Calvin als bei Zwingli zu suchen. „Gerade wenn man das Zürich Zwinglis einmal nicht, wie es meist zu geschehen pflegt, von Deutschland und Luther her sieht, sondern von England und Hooker, erhält das Tun und Denken des Schweizer Reformators sein eigentümliches Profil. Wie das anglikanische Staatskirchentum seine feinste Deutung durch einen am Thomismus geschulten Kopf erhielt, so ist die Zwinglische Einheit des Staatlichen und Kirchlichen bedingt durch die dem Thomismus verwandte humanistische Geistigkeit. Zwingli versöhnt die Politik mit der Religion, und er konnte das mit gutem Gewissen tun, ohne in Angst und Sorge um die Reinheit der Christentums zu sein; denn sein Christentum war nicht das gleiche, das man in Wittenberg zu verkünden pflegte. Christentum ist ihm weniger das Versprechen der Gottheit die Einzelseele zu erlösen, die sich vertrauensvoll ihm zu eigen gibt, Chrtistentum ist eine ethische, rationale Wahrheit, ist das summum bonum, das, wie bekannt, eine lange und bedeutsame Geschichte im abendländischen Denken hat ..."[184].

Was insbesondere die presbyterianische Verfassung angeht, so kam sie durch die Reformation in *Schottland* zum Tragen. Es war bekanntlich John Knox, der sie gestützt auf die Lehren Calvins dort einführte, wobei ihm der schottische Adel zur Seite stand. In politischer Sicht kam dieses Unternehmen einem Aufstand gegen die katholische Regierung von Mary Guise gleich[185], nach deren Tode die schottische presbyterianische Kirche eingerichtet wurde.

Die Presbyterialverfassung entsprach der von Calvin im 16. Jahrhundert eingeführten Ordnung der Kirche. Im Gegensatz zum katholischen Kirchenrecht wurzelte jene Konstitution in dem Gedanken des allgemeinen Priestertums. Der Presbyter war ein von der Gemeinde in das Presbyterium gewählter Vertreter, der neben den Predigern beauftragt wurde[186]. Die Grundlagen der presbyterianischen Kirche Schottlands wurden von den Ständen am 1. August 1560 genehmigt, nachdem die Unterhändler der Kongregation Jesu Christi, Maria Stuarts, der Königreiche Frankreich und England den Vertrag von Edinburgh geschlossen hatten. Maria Stuart wurde hierin zwar als Königin der Schotten bestätigt, gab aber alle Ansprüche auf die englische Krone auf. Der Friedensvertrag löste zugleich eine Wandlung der Verfassung und des Bekenntnisses in staatsrechtlicher und religiöser Hinsicht aus. Das Glaubensbekenntnis handelt von Gott, der Ursünde, der Erwählung, der Kirche, den Sakramenten und der bürgerlichen Obrigkeit. Der Abschnitt „Von der Kir-

---

[184] Die Argumentation ist auf Grund von Ergebnissen verschiedener theologischer Schichten zusammengestellt, so daß sich die Frage erhebt, ob sich die Staatskirchentheorien, z. B. diejenige John Whitgifts, mit den politisch-kirchlichen Systemen, die aus anderen gesellschaftlichen Verhältnissen und Verfassungen anderer Länder hergeleitet werden, in der geschehenen Weise ohne weiteres vergleichen lassen.
[185] R. Sieper, a. a. O., S. 35.
[186] H. J. Becker und J. Weiß, HRG 3, Sp. 1901, 1902.

che" distanziert sich von der anglikanischen Kirche. „Gleich wie wir an den einen Gott, den Vater, Sohn und Heiligen Geist glauben, so halten wir es auch für ganz gewiß, daß von Anfang der Welt an bestanden hat, heute noch besteht und bis zum Ende der Zeiten bestehen wird die eine Kirche, das ist: die eine Versammlung und Vielzahl der von Gott erwählten Menschen, die auf rechte und fromme Weise Gott verehren und ihm anhangen durch den wahren Glauben an Jesus Christus, das einzige Haupt seiner Kirche, die selbst der Leib und die Braut des Christus ist ... Außerhalb gibt es kein Leben, keine ewige Seligkeit. Deshalb verwerfen wir durchaus die Lästerungen derer, die behaupten, die Bekenner jeder beliebigen Sekte würden selig, wenn nur die Taten gerecht und billig wären."

Im Abschnitt von der „bürgerlichen Obrigkeit" wird anerkannt und bekannt, „daß die Kaiser- und Königreiche, Gewalten, Herrschaften und Staaten von Gott in ihrer Verschiedenheit eingesetzt sind ..." und daß es „das besondere Amt der Könige, Fürsten und der sonstigen Obrigkeiten ist, für einen reinen Gottesdienst zu sorgen und den verunstalteten von seinen Befleckungen zu säubern. Denn sie sind nicht nur zur Erhaltung der bürgerlichen Ordnung eingesetzt, sondern auch zum Schutze der Religion"[187].

Die sogenannte *puritanische Revolution* bezeichnet mit anderen Worten die englischen Bürgerkriege, soweit es sich um die damaligen politischen Umwälzungen handelt[188]. Was die weitere Entwicklung der Puritaner angeht, so schlossen sie sich, nachdem ihre „Millenary Petition" abgelehnt worden war, der Widerstandsbewegung Cromwells an, verloren aber im Zeitalter der Restauration ihren politischen Einfluß.

II. Wandlungen der Kirchenverfassung

1. Die anglikanische Kirche und die Hochkirche

Nachdem Jakob VI. von Schottland abgedankt hatte, folgte er seiner Mutter Elisabeth I. als Jakob I. in England auf den Thron. In einer von ihm 1598 - 99 verfaßten Schrift „The True Law of Free Monarchies" versuchte er, die Lehre vom göttlichen Recht der Könige zu rechtfertigen[189]. In entsprechender Weise betonte der von ihm ernannte Erzbischof von Canterbury Richard Ban-

---

[187] Will Durant, Kulturgeschichte der Menschheit XVIII, Das Zeitalter der Reformation, 2. Buch, Die religiöse Revolution, Lausanne ohne Jahresangabe, S. 483 ff.

[188] Hiermit ist auch die kriegerische Erhebung Karls II. gemeint, der 1651/52 mit Hilfe der Schotten das englische Königtum wiederherzustellen versuchte (sog. 3. Bürgerkrieg).

[189] Kluxen, Geschichte Englands, S. 270, der hier bemerkt, daß das Göttliche Recht, wie es Jakob I. verstand, auch eine Waffe gegen die Ansprüche des englischen Parlaments und der Common Law Gerichtshöfe war.

II. Wandlungen der Kirchenverfassung

croft den göttlichen Ursprung der Episkopalkirche. Jakob I. strebte die innere Einheit von Kirche und Krone, die in Schottland nicht erreichbar war, an. Im Zeichen des Stuart-Absolutismus entstand ein Bündnis des Königs mit der anglikanischen Staatskirche, das in gewisser Weise gegen das Parlament gerichtet war. Dieses berief sich in seiner „Apologie" von 1604 auf wohlerworbene Rechte. In der „Hampton Court Conference" 1604 stellte sich der König auf die Seite der Bischofskirche, indem er dem Versuch der Puritaner entgegentrat, die Einrichtung abzuschaffen und das System der Presbyterianer zu verwirklichen.

Unter Jakob I. wurde das Canon Law neu gestaltet. Es handelte sich hierbei um 141 Canons, die Bischof Bancroft verfaßt hatte. Der König bestätigte das neue Gesetzbuch, dem beide Häuser der Convokation von Canterbury zugestimmt hatten. Das Gesetzbuch von 1603 faßte frühere kirchenrechtliche Regelungen zusammen. Die Canones erweiterten den kirchlichen Rechtsraum und den der Krone, auf die auch die Bischöfe und Pfarrer vereidigt wurden. In diese Organisation fügt sich der „Court of High Commissions" als oberster Gerichtshof auch in Sachen der Kirche ein[190].

Der konfessionelle Streit dauerte in der Regierungszeit Karls I. fort. Der Erzbischof William Laud führte den katholischen Ritus wieder in die Kirche ein. Das englische Schrifttum[191] hat mitunter hierin die Errichtung einer „High Church" erblickt. Hiermit ist sicherlich nicht gemeint, daß eine besondere kirchenrechtliche Institution geschaffen werden sollte, vielmehr wird dadurch der in früherer Zeit entwickelte, hochkirchliche Gedanke wieder aufgegriffen. In der Regierungszeit Karls I. nahm aber die Idee der High Church einen exklusiven Charakter an, weil Laud auch die Puritaner verfolgte. Zudem übte er ein strenges Regiment über die öffentliche Moral und die Presse aus. Hierbei kam es häufig zu strafrechtlichen Verfolgungen, die harte Strafen mit sich brachten. Prozessual wurde die Sternkammer eingeschaltet. Der Ausdruck Hochkirche hat damals nur die *Verschärfung* des kirchlichen Regimentes bedeutet. Demgegenüber vertrat Bancroft in der vorausgegangenen Periode die „original high-churchmanship"[192], um das Settlement zu vervollständigen. Mit seiner Lehre führte er später die Periode der Reformation in England zu Ende.

Die Vorstellung einer Hochkirche wird im 17. Jahrhundert Englands nur vorgeformt, welcher Inhalt ihr auch immer gegeben wird. Es handelte sich damals um Übergangserscheinungen, die zudem durch die Revolution vorerst beseitigt wurden. Erst im 19. Jahrhundert kamen konservativ-hochkirchliche Bestrebungen wieder auf. Sie schlugen sich seit 1834 in der High Church nie-

---

[190] Zur Entwicklung des Canon Law, siehe Hermann Lutz, Das Canon Law der Kirche von England, Berlin 1975, S. 38 ff.
[191] Sieper, a.a.O., S. 41.
[192] J. W. C. Wand, Anglicanism in History and Today, a.a.O., S. 98 ff.

der. Noch heute gilt Laud als Gründer der High Church, die zwar von Cromwell verworfen, dessenungeachtet durch die Restauration wieder eingeführt wurde.

In der Kirchensystematik gliedert sich die Kirche von England, die im 16. Jahrhundert entstanden ist, in drei Unterabteilungen auf: Low Church oder Evangelicals (seit dem späten 18. Jahrhundert), High Church (Anglo-Catholics) (seit Mitte des 17. Jahrhunderts), sowie Broad Church (seit Mitte des 19. Jahrhunderts).

2. Die Independenten

In dem Puritanismus kam im Verlaufe der weiteren Entwicklung ein neues Ideal der Kirchenverfassung auf, das sich sowohl dem episkopalen als auch dem presbyterianischen entgegensetzte: nämlich das kongregationalistische[193]. Es war die Zeit, in der die puritanische Revolution unter die Herrschaft der Independenten geriet. Diese wurden von Cromwell geführt, der indes nicht zum Presbyterianismus tendierte. Cromwell ersetzte die Anhänger dieser Glaubensrichtung durch die Independenten, und zwar besonders im Rahmen seines militärischen Wirkungskreises. Independency beurteilt die englische Kirchengeschichte im Hinblick auf das Wirken Cromwells als „predominant religion of the army"[194]. So betrachtet war der Independentismus gleichsam eine dritte Kraft und Strömung gegenüber dem Anglikanismus und Presbyterianismus. Das Ziel war auf gemeindliche Selbständigkeit gerichtet und zwar sowohl im religiösen Bereich als auch in der staatlichen Verwaltung.

Nach der Abschaffung der Monarchie setzte eine demokratische Verfassungsbewegung ein, die auf die Initiative des Heeres zurückging. Die entsprechenden Vorschläge gingen daher vor allem vom Heer aus, in dem der Independentismus unter der Inspiration Cromwells vorherrschte. Gefordert wurde neben dem allgemeinen Wahlrecht namentlich die religiöse Freiheit. In solchen Postulaten war das Verlangen der Independenten nach religiöser Selbständigkeit jedes *einzelnen* begründet.

Der überkommene Begriff der Kirche begann sich zu „zersetzen", weil die Religion in eine innere Angelegenheit der einzelnen innerhalb ihrer Gemeinden überging. Die kritische Würdigung hat hierin eine „Spiritualisierung" des Individuums erblickt. Es schimmert die Vorstellung eines Übereinkommens der Menschen zum Zwecke ihres friedlichen Zusammenlebens durch. Die rechtstheoretische Stütze ist in übertragenem Sinne die naturrechtliche Theorie vom Vertrage. Die religiösen Gruppen konstituierten sich in den Gemein-

---

[193] So Schaefer, a.a.O., S. 27, wo von einer spiritualistischen Mystik und einer Sekte die Rede ist, deren Anhänger Seekers und Waiters genannt wurden.
[194] J. W. C. Wand, a.a.O., S. 99.

wesen gleichsam selbst. Daß sich der Independentismus zuerst der Armee bemächtigte, war dadurch begründet, daß sie auf Grund der Vorgeschichte der Verfassung für derartige Ideen empfänglich war. Das Heer hatte sich nämlich in die Errichtung der parlamentarischen Republik von vornherein derart eingeschaltet, daß dem Parlament in dieser Entwicklungsphase keine ausschlaggebende Stellung mehr zukam. Das Parlament umfaßte ohnehin, nach dem Ausscheiden der *Royalisten* und *Presbyterianer,* nur noch etwa 90 Abgeordnete. Jene beiden Gruppen konnten sich nach der Beseitigung des Königtums ohnehin nicht mehr verständigen[195]. Die revolutionären Vorschläge, die die religiöse Verehrung betrafen, waren nicht weniger widerspruchsvoll. Auf der einen Seite sollte der freie Entschluß des einzelnen, sich zu einem Glauben seiner Wahl zu bekennen, gewährleistet werden, auf der anderen Seite wurden sowohl der Anglikanismus als auch der Katholizismus nicht geduldet, wie noch zu zeigen ist.

3. Die Religionsartikel „Instrument of Government"

Das rechtshistorische Interesse wendet sich den geschriebenen Rechtsquellen des „Commonwealth of England, Scotland and Ireland" zu. Hinsichtlich der Vorgeschichte und des staatsrechtlichen Inhaltes ist auf die obige Darstellung im Dritten Teil „Das Protektorat" zu verweisen, wo bereits auf die Religionsartikel bezug genommen worden ist. Die Ziffern XXXV ff. enthalten allgemeine Vorschriften über die christliche Religion „as contained in the Scriptures". Die Bezugnahme auf die Bekenntnisgrundlage ist derart allgemein gehalten, daß hieraus keine weiteren Schlüsse gezogen werden können. Die Grundsatzbestimmung empfiehlt die christliche Religion als „public profession". Dieser Begriff bedeutet nicht nur ein „öffentliches" Bekenntnis, sondern auch eine Hinwendung zu einer nationalen Kirche, was in folgenden Ausführungen anklingt. „Die Religion erhielt eine gewisse Ordnung durch Bildung von Komitees – einem Zentralkomitee neben Gemeindekomitees –, die über Einsetzung und Entlassung von Geistlichen zu beschließen hatten. So entstand eine lockere Nationalkirche, die bemerkenswert tolerant war und Cromwells eigene sehr weitherzige Auffassung, die sogar Juden einschloß, widerspiegelte. Dieses System – oder dieser Mangel an System – erwies sich als gar zu großzügig selbst für Cromwells engste Anhänger. Das Protektorat war nicht durch wütende religiöse Intoleranz gekennzeichnet, was sich schon aus dem Umstand ergibt, daß der Laudianische Anglikanismus in der Restauration mit Leichtigkeit wieder zur Macht kommen konnte[196]."

---

[195] Kluxen, a.a.O., S. 328 ff., der in diesem Zusammenhange auch auf die radikalen Leveller (S. 330) hinweist.
[196] J. Roots, Die Englische Revolution, S. 264.

Das Instrument sieht Maßnahmen zur Verbreitung der christlichen Religion vor, insbesondere was die Art und Weise der Lehre betrifft. Das Volk soll nicht nur belehrt, sondern auch vor Irrtümern und Häresie bewahrt werden. Niemand soll durch Zwang zu dem Bekenntnis gebracht werden, sondern auf dem Wege einer klaren Lehre und durch das Beispiel eines guten Lebenswandels (XXXVI). Diejenigen, die sich zum Glauben an Gott im Namen Jesu Christi bekennen, soll man nicht von der Ausübung ihrer Religion abhalten, solange sie die ihnen gewährte Freiheit nicht zum Schaden anderer und zur Störung der öffentlichen Ruhe mißbrauchen. Es folgt im Rahmen dieser Bestimmung: „provided this liberty be not extended to Popery or Prelacy". Die Einschränkung wendet sich ihrem Wortlaut nach gegen „Papisterei" und „Prälatentum". Hierin kommt eine gewisse Abwehr gegenüber dem Papsttum zum Ausdruck, aber keine eindeutige Frontstellung gegen den englischen Katholizismus, wie er sich in der anglikanischen Kirche entwickelt hat. Offensichtlich geht es darum, daß durch die Erstreckung Mißbräuche vermieden werden.

Bei der Auslegung der religiösen Bestimmungen des Instruments ist zu berücksichtigen, daß der christlichen Religion, wie sie im Instrument vorausgesetzt wurde, eine ausgeprägte Gottesfürchtigkeit zugrundegelegt ist, die sich in mannigfacher Weise in dem Verhalten Cromwells offenbarte. Gedacht ist hierbei an einzelne Vorkommnisse, weniger an eine allgemeine Charakterisierung. So legte er besonderen Wert auf die Erziehung der Soldaten zur Gottesfürchtigkeit und forderte eine solche bei der Einberufung des Parlaments der Heiligen[197].

---

[197] Aus zahlreichen Biographien geht hervor, daß der Genannte in seinen militärischen Siegen ein eindeutiges Eingreifen Gottes sah, der nicht nur die parlamentarische Sache, sondern auch die der Independenten geschützt habe. „Tapfere Männer dienten Euch treu in dieser Schlacht. Sir, sie sind zuverlässig; Ich ersuche Euch im Namen Gottes, sie nicht zu entmutigen ... Derjenige, der sein Leben für die Freiheit seines Landes einsetzt, darf wohl auch auf Gott vertrauen, daß er ihm zur Gewissensfreiheit verhelfen wird, und darf Euch trauen im Gedanken an die Freiheit, für die er kämpft". Es ging um einen Bericht vor dem Sprecher des Unterhauses. Das Motiv war, Schutz der religiösen Überzeugung seiner Armee und eine staatliche Lösung für diesen Schutz zu finden. So R. Howell, Cromwell ein absolutistischer Puritaner, München 1977, S. 86.
In der Zeit des Bürgerkrieges traten die Independenten als Anhänger der freien Gemeindekirche der Hauptgruppe der Parlamentspartei, den Presbyterianern, entgegen.
Im späteren Parlament der „Heiligen" sprach er von der Verpflichtung der Abgeordneten, ihre Macht mit „Gerechtigkeit auszuüben, das Evangelium zu verbreiten und sich die Unterstützung und das Vertrauen der Bevölkerung zu gewinnen". Weitere Hinweise bei Howell in dem Abschnitt „Das Ende des Commonwealth", S. 149 ff.
Im Gesamtzusammenhang der Geschichte der christlichen Kirche befinden sich Abschnitte über die Calvinisten, Puritaner und Independenten unter der Überschrift „Sors Calvinianorum in Anglia. Independentes." und „Puritanorum superioritas. Hibernorum oppressio.", siehe Antonio Klein, Historia ecclesiae christianae, II, 1, 1828, S. 367 ff. „Ex democratibus et independentibus ecclesiasticis brevi facti sunt politici, principia sua ab episcopis ad regem transferentibus ... At junctae Scotorum et camerae Anglicanae vires, maxime vero dexteritas Olivieri Cromwell, ducis in exercitu Independentium, qui milites suos fanatismo religioso implere callebat ..." (S. 370).

4. „The Humble Petition and Advice" v. 25. May 1657

Die Verfassungsentwicklung in England nahm ihren Fortgang mit der in der Überschrift genannten Petition. Unter dem Titel befindet sich folgender Zusatz "To his Highness the Lord Protector of the Commonwealth of England, Scotland and Ireland, and the dominions thereto belonging, The Humble Petition and Advice of the knights, citizens and burgesses now assembled in the Parliament of this Commonwealth" (s. S. 55 ff.).

Die hoheits- und würdevolle Form der Anrede erinnert daran, daß dem Lordprotektor mehrfach die Königskrone angeboten wurde, und soll ins Bewußtsein rücken, daß er im Falle ihrer Annahme der Königswürde teilhaftig geworden wäre. Hiermit hängt zusammen, daß er nach der Verfassung, ähnlich wie nach dynastischer Thronfolgeordnung, seinen Nachfolger selbst bestimmen kann.

Das Parlament dankt ihm in dem Vorspruch für die Befreiung aus der Tyrannei und Knechtschaft, die dem „late King and his party" zugerechnet werden. Der gütige Gott, so fährt die Einleitung fort, habe den Lordprotektor zu einem Bewahrer des Friedens gemacht. Hierauf baut sich die weitere Würdigung der Persönlichkeit, die mit den besten Wünschen für seine Zukunft verbunden ist, auf.

Dem Lordprotektor wird in Ziffer 1 der Verfassung dieser Titel eingeräumt, der sich auf das Commonwealth von England, Schottland und Irland erstreckt. Hiermit ist ohne weiteres das Amt „of chief magistrate" verbunden. Die Bezeichnung kommt bereits im Instrument of Government vor, und zwar in der Formulierung von „exercise of the chief magistracy and the administration of the government". Der Ausdruck, der sich in ausländischen Verfassungen jener Zeit, soweit ersichtlich, nicht befindet, läuft etwa auf Präsidentschaft hinaus. Die Kompetenz ist von der Verfassung weit gespannt, erstreckt sich überdies auf alle Gesetze der Nation. Die wesentliche Neuerung von konstitutioneller Bedeutung ist die Wiedereinrichtung des Zweikammersystems im Rahmen des Parlaments. Es bleibt unerörtert, wie sich das Oberhaus zusammensetzen wird.

Ziffer 5 sieht vor, daß Cromwell die Mitglieder des „Other House", womit das Oberhaus gemeint ist, ernennt, allerdings unter Zustimmung dieser Körperschaft.

In konfessioneller Hinsicht sind die Bestimmungen der Ziffer 4 und 5 bedeutungsvoll. Bestimmte Kategorien werden sei es von der aktiven, sei es von der passiven Wahl ausgeschlossen. Voran stehen diejenigen, die an der irischen Revolution mitgewirkt haben. Es folgen diejenigen, die sich zur „Popish religion" bekennen. Einbezogen werden sodann die Teilnehmer an einem gegen das Parlament gerichteten Kriege. Ausgenommen sind diejenigen, die für das Parlament oder „your Highness" gekämpft haben. Der Ausschluß betrifft außerdem alle Saboteure und Rebellen, die sich seit dem 16. Dezember 1653 gegen die Person des Genannten erhoben haben. Als Abgeordnete wählbar sind nur Personen, die das einundzwanzigste Lebensjahr vollendet haben. Vorausgesetzt werden hierbei Unbescholtenheit, Gottesfürchtigkeit und einwandfreie Lebensbeziehungen. Angehörige des geistlichen Standes werden nach Maßgabe der Ziffer 4 von der passiven Wahl ausdrücklich ausgeschlossen. Eine eingehende Regelung, die das religiöse Bekenntnis betrifft, wird noch besonders getroffen[198].

Staatsreligion der Nationen ist die (regel)rechte protestantische christliche Religion, wie sie in den Heiligen Schriften des Alten und Neuen Testamentes enthalten ist (Ziffer 11 I). Die „demütige Bittschrift" geht davon aus, daß das Glaubensbekenntnis von „Your Highness" und dem Parlament entsprechend den Regeln der genannten Schriften vereinbart und den Völkern dieser Nationen empfohlen wird. Die Einführung der protestantischen Religion ist in diesem Zusammenhange deswegen besonders hervorhebenswert, weil früher das „Instrument of Government" schlechthin die christliche Religion statuierte, mithin sich nicht auf die protestantische beschränkte. Die Gründe für diese Wandlung können der Verfassung nicht entnommen werden. Maßgebend hierfür sind kirchengeschichtliche Darstellungen, die sich gerade auf diesen Zeitabschnitt beziehen. Die Bittschrift legt in ihrem Texte die Bekenntnisgrundlagen fest, nämlich den Glauben an Gott den Vater und Jesus Christus seinen „ewigen" Sohn, den wahren Gott und an die Heilige Schrift ... [199]. Diejenigen, die auf dieser Bekenntnisgrundlage in anderer Hinsicht in der Lehre, Predigt oder Disziplin von der public profession abweichen, sollen weder durch Strafen gezwungen noch von ihrem Glauben zurückgehalten werden. Vielmehr sollen sie vor allem Unrecht bewahrt und gegen jede Belästigung geschützt werden, und dies sowohl was das Bekenntnis selbst als auch die Ausübung der Religion betrifft. Das Ganze steht unter dem Zeichen der „Religionsfreiheit", die allerdings nicht mißbraucht werden darf. In dieser Hinsicht lehnt sich die Bittschrift an das genannte Instrument an (Ziffer

---

[198] "Nor such as are guilty of any of the offences mentioned in an Act of Parliament bearing date the 9th of August 1650 entitled, an Act against several atheistical, blasphemous and execrable opinions derogatory to the honour of God and destructive to human society, no common scoffer nor reviler or religion, or of any person or persons for possessing thereof, no person that hath married or shall marry a wife of the Popish religion, or hath trained or shall train up his child or children or other child or children unter his tuition or government, in the Popish religion, or that shall permit or suffer such child or children to be trained up in the said religion, or that hath given or shall give his consent that his son or daughter shall marry any of that religion, no person that shall deny the Scriptures to be the Word of God, or the Scraments, prayer, magistracy and ministry to be of the Ordinances of God, no common profaner of the Lord's Day, no profane swearer or cursers, no drunkard or common haunter of taverns or alehouses."

[199] „God co-equal with the Father and the Son" (Ziffer 11).

II. Wandlungen der Kirchenverfassung

XXXVII). Vor allem darf die Freiheit nicht zur Schädigung anderer oder Störung des Friedens führen[200, 201].

5. Auf dem Wege zur restaurierten Kirche

Im Zeitalter der Restauration wurde nach und nach die anglikanische Kirche wiederhergestellt. Dies geschah ohne weiteres, d.h. nicht durch einen besonderen Akt des Parlamentes oder der Regierung.

In seiner Erklärung von Breda vom 16. April 1660 erklärte sich Karl II. zum „Defender of the Faith" und verkündete die Freiheit der Religion: "... and that no man shall be disquieted or called in question for differences of opinion in matter of religion, which do not disturb the peace of the kingdom; and that we shall be ready to consent tu such an Act of Parliament, as, upon mature deliberation, shall be offered tu us, for the full granting that indulgence". Der Duldungserklärung setzte das Parlament das Gesetz über die Einheitlichkeit des Gottesdienstes (1662) entgegen. Das C.P.B. wurde hierin für alle verbindlich gemacht. In der englischen Kirchengeschichte bedeutet das „settlement of the English Church and completion of the Reformation"[202] Konsolidierung der englischen Kirche u. Vollendung der Reformation. Im Hinblick darauf, daß der König in seiner Erklärung von Breda dem Parlament eine beträchtlich erweiterte Kompetenz eingeräumt hatte, war die Regelung der Religionsfrage eines der bedeutendsten Anliegen des Parlaments, das eine Art Supremat erlangte, geworden. Es wandte sich zunächst gegen die von ihm nicht genehmigten Canones und räumte im sog. „Clarendon-Code" die puritanische Einwirkung aus. Das Parlament betrachtete eine Abweichung von der Staatskirche als eine Gefahr und versuchte durch eine Reihe von Gesetzen „die Zugehörigkeit zur Staatskirche" zu erzwingen[203]. Der „Corporation Act" hatte bereits 1661 angeordnet, daß nur diejenigen zu den örtlichen Behörden und Körperschaften zugelassen werden sollten, die das Abendmahl nach anglikanischem Brauch genommen hatten[204].

Das Parlament legte außerdem die Voraussetzungen für die Qualifikation der Geistlichen nieder, die auf das revidierte „Book of Common Prayer" eid-

---

[200] Die Freiheit darf weiterhin nicht ausgedehnt werden auf „Popery or Prelacy" (Ziffer 11).
[201] Unter den Begriff des Mißbrauchs fallen auch Profanierungen, und Ausschweifungen (Ziffer 11). Die Schlußbestimmung bezieht sich auf die Geistlichen oder öffentlichen Prediger.
[202] Schaefer, a.a.O., S. 29. Die Verfasserin fügt hinzu, daß der Kampf, den die Reformation innerhalb der Kirche entfesselt habe, beendet gewesen sei. Sie bemerkt ferner, daß sich neben der Staatskirche und den neu entstandenen Sekten der römische Katholizismus wieder gerget habe. Maßgebend ist das Jahr 1662.
[203] Siehe hierzu Kluxen, a.a.O., S. 347 ff.
[204] Schaefer, a.a.O., S. 29.

lich festgelegt wurden. Falls sie den geforderten Eid verweigerten, verloren sie ihre Ämter. In diesem Zusammenhang sind noch der „Conventicle Act" und „Fifes Miles Act" von 1664 und 1665 zu erwähnen[205].

Die Krone hatte ihre Führungsposition in der Kirche verloren. Das damalige Parlament erscheint gleichsam als „defensor fidei"[206] und „Repräsentant des Kirchenvolkes". Die Kirche ist nur noch eine „privilegierte Großsekte"[207]. Das Ergebnis ist, daß das Übergewicht des Parlaments in diesem Stadium der Restauration die Prärogative des Königs zurückwarf. In verfassungsrechtlicher Sicht wird der Konstitutionalismus, den Karl II. mit seiner Regierung einrichtete, nur als „Scheinkonstitutionalismus" angesehen.

Die Restauration nahm dadurch einen europäischen Zug an, daß Karl II. einen oft erörterten Geheimvertrag mit Frankreich schloß und im weiteren Verlauf dieser Politik innerhalb Englands die Restaurierung des Katholizismus betrieb. Die „Declaration of Indulgence" Karls II. von 1672, die die Strafgesetze gegen die Katholiken suspendierte, war eine Folge jenes Geheimvertrages. Das Parlament reagierte mit der Testakte von 1673, wodurch alle Katholiken von dem Zugang zu den öffentlichen Ämtern ausgeschlossen wurden. In diesem Auf und Ab konnte die Restaurierung der Kirche nur wenig gedeihen. Demgegenüber entwickelte sich der Habeas Corpus Act v. 1679 zu einem verfassungsgeschichtlichen Höhepunkt von weittragender Bedeutung. Nach dem kurzen Zwischenspiel der Regierung Jakobs II. 1685 - 1688 kamen Wilhelm III. Prinz von Oranien und Marie zur Nachfolge. Während ihrer Regierungszeit erging die Bill of Rights (1689) innerhalb der „Glorreichen Revolution" in demselben Jahr wie die Declaration of Rights. Jenes Dokument ging davon aus, daß der ehemalige König, Jakob II., versucht habe, Gesetzen und Freiheiten des Königreiches zuwiderzuhandeln. Hierbei wird hervorgehoben, daß er die protestantische Religion zu beseitigen versuchte. In einer langen Aufzählung werden Beispiele angeführt, so die Verhaftung und gerichtliche Verfolgung von Prälaten, die Entwaffnung von Untertanen protestantischen Glaubens. Ferner habe er unter dem großen Staatssiegel einen Gerichtshof mit der Bezeichnung „Gericht der Kommissare für kirchliche Angelegenheiten" errichten lassen[208]. Nach dieser Aufzählung werden die Mittel und Wege aufgezeigt, die zur Verteidigung und Behauptung der überkommenen Rechte und Freiheiten erforderlich sind. Es geht u. a. um die Abwehr von Angriffen auf „ihre" Religion.

Im Gegensatz zur Bill of Rights erwähnt der Act of Settlement (1701) die Kirche von England ausdrücklich. Auf den englischen Thron kann nur jemand

---

[205] Kluxen, a.a.O., S. 348.
[206] Kluxen, a.a.O., S. 349.
[207] Kluxen, a.a.O., S. 349.
[208] Text der Bill of Rights in deutscher Sprache bei P. C. Mayer-Tasch, 2. Auflage, München 1975, S. 238 ff.

II. Wandlungen der Kirchenverfassung 79

gelangen, der sich der Gemeinschaft der Kirche von England anschließt[209]. Der Toleration Act (1689) räumte den Protestanten außerhalb der anglikanischen Staatskirche religiöse Freiheit ein.

Das Schwergewicht der Thematik „Verfassung und Kirche" ruht mehr auf der Konstitution in ihrem allgemeinen Sinne als auf der Kirchenverfassung in ihrer besonderen Eigenart, deren Charakterisierung Aufgabe der Kirchengeschichte im allgemeinen und kirchenrechtlicher Darstellung im besonderen ist.

---

[209] Text bei P. C. Mayer-Tasch, a. a. O., S. 242.

Sechster Teil

Überleitung zur europäischen Rechtsgeschichte

I. Vorbemerkungen

Der angedeutete Vertrag mit Frankreich und die Annahme der Krone durch Wilhelm und Marie von Oranien sowie die Anerkennung beider als König und Königin von England eröffnen internationale Aspekte, die es rechtfertigen, zu einer europäischen Betrachtungsweise überzuleiten. Es soll auf diese Weise in einem Anhang ein kurzer Beitrag zur europäischen Rechtsgeschichte versuchsweise geleistet werden. Kernstück ist wiederum, wie bisher, die Verfassungsgeschichte. Vergleichsobjekt ist die französische Revolution, wodurch allerdings eine beträchtliche Zeitverschiebung stattfindet. Der Betrachtungsstandpunkt wird temporär dadurch geändert, daß von der Plattform der großen Umwälzung, die im 18. Jahrhundert vor sich geht, ein Rückblick auf die englische Revolution erfolgt. Gegen eine solche eigenwillige Methode sind Bedenken durchaus vorstellbar. Im Grunde genommen handelt es sich hierbei nicht um einen Rechtsvergleich, sondern um die Ermittlung von Nachwirkungen, Übergängen und Zusammenhängen, die im geistigen Raum über die nationalen Grenzen hinauswirkten.

II. Die englische und französische Revolution

Nach der Einberufung des Langen Parlaments brach in England 1642 der Bürgerkrieg aus. Er fand zwischen dem König und der puritanischen Parlamentspartei statt, die 1644 - 45 obsiegte. Als der Bürgerkrieg begann, deutete sich bereits das Zeitalter der Republik mit ihren Verfassungskämpfen an. Der Begriff Republik wird nun durch den Begriff Commonwealth und Protektorat, das Cromwell untersteht, sprachlich ersetzt. Vorausging die Exekution Karls I., und es folgt das verfassungsrechtliche „Instrument of Government". Hiermit verbindet sich nämlich der Versuch, eine parlamentarische Republik einzuführen. Diese Ordnung bleibt jedoch nur bis zur „demütigen Bittschrift", die dann bald durch die Restauration gegenstandslos wird, in Kraft. In Anbetracht der geschilderten Wiederherstellung der Monarchie besteht in dem Übergangszustand des Protektorats noch keine auf die Dauer ausgerichtete Verfassung im Sinne der Konstitutionen, die im 18. Jahrhundert errichtet werden. In der Zeit zwischen der Monarchie und dem Protektorat ging besonders

II. Die englische und französische Revolution

von der Armee das Bestreben aus, die ungeregelte staatliche Ordnung durch eine neuartige Verfassung zu befestigen und überdies den nach dem Bürgerkriege herbeigeführten Wandel gleichsam nachträglich zu rechtfertigen. Es trat dabei immer wieder ins Bewußtsein, daß die Monarchie nicht auf konstitutionellem, sondern revolutionärem Wege beseitigt worden war. In dem Übergangsstadium lebte die Erinnerung weiter, daß König Karl I. bereits im Bürgerkrieg gefangen und später in Untersuchungshaft genommen worden war, der ein scheinhaftes Gerichtsverfahren folgte. Es war noch das Bewußtsein lebendig, daß dem König der Prozeß nach einem von vornherein ausgearbeiteten Plan Cromwells gemacht wurde. Das Oberhaus, das hiergegen Einspruch erhoben hatte, wurde wenige Tage nach der Aufhebung des Amtes des Königs abgeschafft (17. u. 19. März 1649). Bereits am 19.5.1649 war die Republik ausgerufen worden. Alle diese gesetzlichen Maßnahmen verwirklichen zwar ein politisches Programm, bilden aber auch zusammengenommen noch keine Verfassung im Rechtssinne, sondern lediglich eine Reihe von Einzelgesetzen destruktiven Charakters.

Während in England das Königtum und der König noch im Zeichen des Bürgerkrieges und am Anfang der Revolution abgeschafft, bzw. beseitigt wurden, erging in Frankreich zu Beginn der Umwälzung zuerst eine Rechteerklärung und auf deren Grundlage die erste Revolutionsverfassung (1789 - 1791). Das feudale System des Ancien régime verfiel der Auflösung. Die Verfassung der Nationalversammlung war bald nach ihrem Inkrafttreten politisch obsolet, weil die staatstragenden Gewalten, der König als Träger der Exekutive – die Versammlung als gesetzgebende Gewalt – bereits in der Zeit der Konstituierung auseinandergefallen waren. Auf Betreiben der Legislative trat der sog. Konvent zusammen, in dem sich die gesamte staatliche Gewalt konzentrierte. Eine seiner ersten gesetzlichen Maßnahmen ist die Aufhebung des Königtums in Frankreich gewesen (Dekret vom 21. - 22. September 1792). Auch diese Verfassung ist konstruktiv auf einer Rechteerklärung aufgebaut (gemäß Art. 2). Die Rechte sind: Gleichheit, Freiheit, Sicherheit und Eigentum.

Die Republik des Nationalkonventes, die von 1792 bis 1795 dauerte, trägt den Charakter einer Revolutionsregierung, die außerhalb jeder regelrechten Verfassung agierte. Dies hängt damit zusammen, daß der Konvent selbst diese Verfassung bald wieder suspendierte und vornehmlich durch Komitees regierte. Die *nicht konstitutionelle* Regierung läuft in drei Phasen ab: La Convention girondine, La Convention jacobine und La Convention thermidorienne.

Der Konvent leitete am 3. Dezember 1792 die Verhandlung über die Verurteilung des inhaftierten Königs ein. Die Versammlung dekretierte, daß Ludwig XVI. durch den Nationalkonvent abgeurteilt wird. Am 10. Dezember 1792 überreicht die Kommission der 21 Mitglieder die Anklageschrift. Das Urteil wird in der Zeit vom 14. bis 20. Januar 1793 beraten. Das Gerichtsverfahren steht mit den genannten Verfassungen, die ohnehin inzwischen gegenstandslos geworden sind, in keinem Zusammenhange, sondern beruht auf einem besonderen Gesetz. Der Unterschied zu dem Verlauf der entsprechenden englischen Verhältnisse besteht vor allem darin, daß in Frankreich kein vergleichbarer Bürgerkrieg stattgefunden hatte, in den der König involviert war, daß andererseits zu jener Zeit in Frankreich auf dem Höhepunkt der Revolution ein Krieg mit auswärtigen Mächten stattfand. Hierauf war die parteipolitische Auseinandersetzung zwischen den Girondisten und Jakobinern von ausschlaggebender Bedeutung. Im übrigen erschütterten die Revolutionskriege in mancher Hinsicht das europäische Staatensystem.

Die Hinrichtung des Königs fand in dem Stadium der „entglittenen" Revolution statt (dictature de „salut public" unter Robespierre).

Die Grundgedanken, die die eine und andere Umwälzung in verfassungsrechtlicher Hinsicht besonders geprägt haben, lassen sich wie folgt zusammenfassen.

Im England des 17. Jahrhunderts verwandelt sich die absolute Monarchie in eine konstitutionelle. Die Bill of Rights (1689) stellt die Rechte des Parlaments im Gesetzgebungsverfahren wieder her, indem sie bestimmt, daß die „angemaßte Befugnis Kraft königlicher Autorität und ohne die Zustimmung des Parlaments Gesetze vorübergehend außer Kraft zu setzen oder ihre Vollstreckung auszusetzen, ungesetzlich ist"[210]. Hierauf gründet sich die spätere Entwicklung, daß das Parlament nicht nur die Gesetzgebung kontrolliert, sondern aktiv an der „Regierung" teilnimmt (Prinzip der Ministerverantwortlichkeit) z.B. durch die „parlamentarische Geldbewilligung".

Während der Revolution trat bereits der Gedanke eines „Britischen Commonwealth" auf. Der Vorstellungskreis, der mit dem Begriff „Großbritannien" verbunden ist, kündigt sich schon in der Navigations-Akte, einem Schiffahrtsgesetz (1651), an.

Die gesamte Umwälzung wird in hohem Maße von religiösen Bewegungen und kirchlichen Bestrebungen bestimmt. Neben der Church of England entstehen Free Churches, die im 16. und 17. Jahrhundert aus puritanischen Bewegungen hervorgehen. Ihre Hauptgruppe waren die Presbyterianer, die in ähnlicher Weise wie die Anglikaner an der Kirche von England festhielten. Der Puritanismus ging über den Rahmen der kirchlichen Auseinandersetzung hinaus und erlangte im Parlament politischen Einfluß. Gegner beider Richtungen waren die sog. Independenten, die unter Cromwell eine *freie Gemeindekirche* anstrebten. Diese vertrieben die Presbyterianer im zweiten Bürgerkrieg aus dem Parlament und entmachteten die Levellers. Auf Cromwells Betreiben wurde dem König, der 1645 - 46 besiegt war, der Prozeß gemacht. Nach der Aufhebung der Monarchie und des Oberhauses entstand die Republik, und

---
[210] P. C. Mayer-Tasch, a.a.O., S. 240.

II. Die englische und französische Revolution

zwar ohne verfassungsrechtliche Fundamentierung. Auf Grund eines Entwurfs der Armee, dem sog. Instrument of Government, übernahm Cromwell das Protektorat, nachdem er das Parlament aufgelöst hatte. Im Jahre 1657 wurde ihm der Titel des Königs angeboten, dessen Annahme er ablehnte. Den Abschluß der Verfassungsentwicklung bildete die „Humble petition and advice".

Im Anschluß an diese Zwischenphase wurde das Königtum wiederhergestellt.

Die französische Revolution tritt in das europäische Gesamtbewußtsein von vornherein als ein epochemachendes Ereignis in Erscheinung. Sie ist geradezu ein Modell für eine weltanschaulich fundamentierte Geschichtsschreibung. Auf die zahlreichen Interpretationen und Einteilungsversuche ist hier nicht erneut einzugehen. A. Sorel hat in seinem Werk „L'Europe et la Révolution Française"[211] eine internationale Gesamtschau vorgelegt, die sich u.a. auf England bezieht. Der Ausgangspunkt dieses Vergleiches ist das Gesetz. Nach Ansicht des Autors besaßen die Engländer einen „esprit politique", den den Franzosen fehlte. Überdies hatten jene eine Verfassung mit liberalen Traditionen. Das Ancien régime war in Frankreich nur eine „Kaste" der Adligen. In England hingegen war das überwundene Zeitalter auf eine „Aristokratie" gegründet. Die „Gemeinschaft der politischen Rechte" ließ den Unterschied der „conditions" vergessen. Indem die Menschen sich dort frei fühlten, kümmerten sie sich weniger darum, gleich zu erscheinen[212]. Die überkommenen Institutionen ergänzten sich unaufhörlich im Fortgang der Ausübung[213]. Die politische Freiheit war in England gewissermaßen ein „Erzeugnis" des „nationalen Bodens". Die politische Freiheit war keine leere Formel der Philosophen, die am Anfang einer idealen Verfassung stand, sondern die Definition „d'un fait", und zwar aus der langen Gewohnheit heraus entwickelt[214].

In Frankreich – so Sorel – waren die Menschen im Laufe der Zeit untereinander sehr ähnlich geworden, aber sie unterscheiden sich durch ihre Rechte, und dieser Unterschied schien den Nichtprivilegierten, die sich im Prinzip als den Adligen gleich betrachteten, umso unerträglicher[215].

Der Unglaube war in England nur eine Angelegenheit „de ton et de mode . . .", „un raffinement et une affectation aristocratiques"[216]. In Frankreich

---

[211] 2 Bände, I 1885, S. 353 ff.
[212] Sorel, a.a.O., S. 353 - 54.
[213] Sorel, a.a.O., S. 354.
[214] Sorel, a.a.O., S. 354.
[215] Sorel, a.a.O., S. 354.
[216] Sorel, a.a.O., S. 355.

84   6. Teil: Überleitung zur europäischen Rechtsgeschichte

handelte es sich hierbei um eine herrschende und allgemeine „passion". Der ganze dritte Stand war hiervon animiert[217]. In England blieben die Bürger, Bauern und Arbeiter sowie Soldaten religiös[218], „begierig zu gläubigem Festhalten und immer fähig, den Glauben bis zum Fanatismus zu steigern"[219]. Dieser war bei den Engländern ein Sektengeist, aber nicht Ungläubigkeit. Man sah mehr Dissidenten als Revolutionäre, die übrigens ihre Inspirationen in der Bibel, nicht in dem „Contrat social" (wie in Frankreich) suchten[220]. Abirrungen vom Glauben beruhten nicht auf einem tiefgreifenden Atheismus. Es gab keinen „culte de la Raison". Den Höhepunkt der Schilderung bildet die Darstellung der Parteien, die von Land zu Land verglichen werden.

„La nation anglaise se prononça passionnément pour les conservateurs. Tout agités, bruyants et turbulents qu'ils étaient, les Anglais tenaient à leurs institutions, et ils ne menaient si grand bruit que pour y apporter de très-minimes réformes. Tandis que le Français méprisait son gouvernement, détestait son clergé, haissait sa noblesse et se révoltait contre ses lois, l'Anglais état fier de sa religion, de sa constitution, de son roi, de so aristocratie, de sa chambre des lords[221]."

Noch bevor die französische Nationalversammlung die staatliche Verfassung errichtet hatte, beschloß sie in einem Dekret die Zivilverfassung des Klerus (1790). Auf diesem Wege sollte die Organisation der Kirche in die staatliche Verfassung eingebaut werden. Der Staat erwarb hierdurch ein Kontrollrecht über die gesamte Kirchenorganisation. Die Zivilverfassung unterstellte die Ernennung der Bischöfe und Pfarramtsgeistlichen dem Dekret vom 22. Dezember 1789, das für die Wahl der Abgeordneten zum Departement galt. Die Gewählten wurden durch die jeweils höheren Geistlichen instituiert. Vor der Zeremonie hatten sie im Gegenwart der „officiers municipaux", des Volkes und des Klerus den feierlichen Eid zu leisten, daß sie über die Gläubigen der ihnen anvertrauten Diözese mit Sorgfalt wachen werden, und zwar in Treue zur Nation, zum Gesetz und zum König, und daß sie mit all ihrer Kraft die von der Nationalversammlung dekretierte und vom König akzeptierte Verfassung einhalten werden. Diejenigen, die den Eid abgelegt hatten, hießen „les jureurs", oder „les constitutionnels". Die Eidesverweigerer, die ihres Amtes enthoben wurden und sich Verfolgungen aller Art aussetzten, wurden „les réfractaires" genannt. Der Papst suspendierte alle Bischöfe und Priester, die den Eid geleistet hatten. Der König distanzierte sich mehr und mehr von der Zivilverfassung, wie auch das gläubige Volk der revolutionären Regelung

---

[217] Sorel, a.a.O., S. 356.
[218] Sorel, a.a.O., S. 356.
[219] Sorel, a.a.O., S. 356.
[220] Sorel, a.a.O., S. 356.
[221] Sorel, a.a.O., S. 358.

ablehnend gegenüberstand, jedenfalls in seiner Mehrheit, so daß Kirche und Nation weithin gespalten waren[222].

Im Anschluß an die französische Revolution entwickelten sich in England demokratische Bewegungen, die Freiheit und Gleichheit sowie allgemeine Wahlen forderten. Die Kreise schlossen sich in Vereinen und Gesellschaften zusammen, die Rechte des Volkes anstrebten. Vorausgegangen waren Vereinigungen, die „corresponding commitees" hießen. Unter der Leitung des jüngeren Pitt unterdrückte die Regierung derartige Vereinigungen besonders durch den Treasonable practice Act (36 Geo. III, c. 7) und den Seditious Meetings Act (36 Geo. III, c. 8), die im Jahre 1795 ergingen. Ein Koalitionsverbot, das sich gegen politische Vereine richtete, erging durch den Corresponding Socities Act von 1799. In diesem Jahre wurden alle Gewerkschaften und Zusammenschlüsse politischen Charakters untersagt.

Der Kampf um die Freiheitsrechte bezog sich namentlich auf das Recht der freien Meinungsäußerung, die das Unterhaus erst nach heftigen Auseinandersetzungen anerkannt hatte, ferner auf die Pressefreiheit. Der Streit um die Zensur dauerte nach der Restauration und der „Glorreichen Revolution" fort, indem er sich auf die Gerichtsebene verschob. Der Libel Act (1792) machte es zur Sache der Jury, festzustellen, daß das Kränkungsdelikt eine durch die Presse begangene Beleidigung sei. Der Richter wurde lediglich auf die Prozeßleitung und Belehrung beschränkt. Das Gesetz wurde als ein Fortschritt der Pressefreiheit angesehen. Demgegenüber setzte im Jahre 1798 eine Verschärfung der Pressezensur ein. Die Tendenz dieser Politik war anti-revolutionär, wurde jedoch als „nationaler Selbstschutz" verstanden (Kluxen, S. 494). „Das lag nicht nur an der religiösen Erweckungswelle, sondern auch an dem ideellen Rüstzeug, das Burke den konservativen Kräften in die Hand gegeben und das ein vertieftes Verständnis für die englische Verfassungsordnung geweckt hatte."

Er wandte sich von der Aufklärungsphilosophie ab und übte Kritik an den Zielen der französischen Revolution, besonders an dem Formalismus ihrer Verfassungen (Reflections on the Revolution in France, 1790, dt. 1793). Nach seiner Trennung von den „Whigs" entwickelte er eine organische Staatslehre aus der Erfahrung und Tradition britischer Rechtseinrichtungen. Edmund Burke wandelte sich schließlich zu einem einflußreichen, konservativen Staatsmann und trat am Vorabend der „Tory Era" (1782 - 1820) gegen den Radikalismus als Mittel des Umsturzes auf.

---

[222] Siehe hierzu H. Eichler, Die Nationalversammlung, der Klerus und der König 1789 - 1791, Österreichische Archiv für Kirchenrecht, 29. Jahrgang, Heft 3., S. 217ff. Ausf. Lit.angaben S. 217ff.; S. 221; S. 230; S. 233ff.; S. 237; S. 241.

Literaturverzeichnis

Abbott, Wilbur Cortez (Ed.): The writings and speeches of Oliver Cromwell, 4 Bde., Cambridge Mass. 137 - 47.

Adams, W. P.: Republikanische Verfassung und bürgerliche Freiheit, Neuwied 1973 (engl. Übers. Chapel Hill/N. C. 1980).

Aiken, William A. and *Henning,* Basil D. (Eds.): Conflict in Stuart England, London 1960.

Aylmer, Gerald E.: The struggle for the constitution 1603 - 1689, London 1963.

Barker, Ernest: Oliver Cromwell and the English people, Cambridge UP 1937.

Becker, H. J. und *Weiß,* J.: HRG 3, Sp. 1901, 1902.

Belloc, Hilaire: Oliver Cromwell, Ein Mann seiner Zeit, Einsiedeln/Schweiz 1936.

Bill of Rights in deutscher Sprache, bei P. C. Mayer-Tasch, 2. Aufl., München 1975.

Bosher, R. S.: The making of the Restoration settlement, the influence of the Laudians 1649 - 1661, London 1951.

Boynton, Lindson: Martial Law and the Petition of Right, in: EHR (1964), S. 225 - 284.

Brauneder-Lachmayer: Österreichische Verfassungsgeschichte, 2. Aufl., Wien 1980.

Brodie, G.: History of the British Empire from the Accession of Charles I . . . 4 Bde., London 1822.

Brunner, H.: Geschichte der englischen Rechtsquellen im Grundriß (1909).

Buchan, John: Oliver Cromwell, London 1934.

Burnet, E. C.: The Continental Congress, New York 1941.

Christie, J. R.: Crisis of Empire. Great Britain and the American Colonies 1754 - 1783, London 1966.

— and *Laboree,* B. W.: Empire or Independence, 1760 - 1776. A British-American Dialogue, New York 1976.

Cobbett's, William (Hrsg.): Parliamentary History of England . . ., 36 Bde., 1806 - 1820. Die Sammlung gründet sich auf: The Parliamentary or Constitutionel History of England from the Earliest Times to the Restoration of Charles II., 24 Bde., 1751 - 1762 (bekannt als „Old Parliamentary") beide zitiert nach Kluxen, S. 892.

Coing, Helmut / *Nörr,* Wolfgang (Hrsg.): Englische und Kontinentale Rechtsgeschichte: Ein Forschungsprojekt, Band I der Schriftenreihe Comparative Studies in Continental and Anglo-American Legal History, Berlin 1985.

Constant, C.: La réforme en Angleterre, 2 Bde., Paris 1930 - 39.

David, R.: Les grands systèmes de droit contemporains, 8. Aufl., par Camille Jautfret-Spinosi, 1982.

David-Graßmann: Die großen Rechtssysteme der Gegenwart, 1966, S. 321, 411 ff.

Davies, Ebenezer T.: Episcopacy and the Royal Supremacy in the Church of England in the 16 century, Oxford 1950.

Davies, Godfrey (Ed.): Bibliographie of British History: Stuart Period, 1603 - 1714, Oxford 1928. 2. Aufl. v. Mary Frear Keeler, Oxford 1970.

— The early Stuarts, 1603 - 1660, Oxford, ²1959.

— The Restauration of Charles II., 1658 - 1660, Oxford UP 1955.

Dicey, A. V.: Introduction to the study of the law of the constitution, Ed. by E. C. S. Wade, London, ¹⁰1961.

Dippel, Horst: Die Amerikanische Revolution 1763 - 1787, Göttingen 1984.

Donaldson, G.: Collier's Encyclopedia, Bd. 9, 1965.

Durant, W.: Kulturgeschichte der Menschheit, XVIII, Das Zeitalter der Reformation, Lausanne o. Jahresang.

Duverger, M.: Institutions politiques et droit constitutionnel, Paris 1971.

Eichler, Hermann: Verfassungsbewegungen in Amerika und Europa, Frankfurt a. M. - New York 1985.

— La constitution révolutionaire, in: Index 7, 1977, Ed. scientifiche italiane, Napoli 1979.

— Die Nationalversammlung, der Klerus und der König 1788 - 1791, Österreichisches Archiv für Kirchenrecht, 29. Jahrg., Heft 3.

Elton, G. R.: Modern historians on British history, 1485 - 1945, London 1970.

— (Ed.): The Tudor Constitution, Documents and Commentary, Cambridge 1960.

Eusden, John D.: Puritans, Lawyers and politics in early seventheenth-century England, Oxford UP 1958.

D'Ewes, Sir Simonds: The journal of Sir Simons d'Ewes from the beginning of the Long Parliament to the opening of the trial of the Earl of Strafford, New Haven 1923.

Fiford, C. H. S.: History and sources of the common law, London 1949.

Firth, Ch. H.: Oliver Cromwell and the rule of the Puritans in England, Oxford UP 1953.

— The last years of the Protectorat, 2 Bde., London 1909.

Foster, Elizabeth R., (Ed.): Proceedings in parliament 1610, 2 Bde., New Haven 1966.

Gardiner, Samuel R. (Ed.): Documents of the Puritan revolution 1625 - 60, Oxford, ³1906.

— History of the Commonwealth and Protectorate 1649 - 1656, 3 Bde., 1894 - 1901, 4 Bde. 1903, fortg. v. Firth, C. H., 2 Bde. 1909.

— History of England from the Accession of James I to the outbreak of the Civil War 1603 - 1642, 4 Bde. ²1893.

Gneist: Englische Verfassungsgeschichte, S. 1 - 182, zit. nach Hatschek (siehe unten S. 1).

Godechot, J.: Les constitutions de la France depuis 1789, Paris 1970.

— Les Institutions de la France sous la Révolution et L'Empire, Paris, ed. 1968.

— Los origenes de la Revolution Francesa (Übersetzung des französischen Textes), Barcelona 1974.

Greenleaf, W. H.: James I and the divine right of kings, in: Political Studies 5, 1957, S. 36ff.

Guggisberg, H. R.: Geschichte der USA, Stuttgart 1976.

Hallam: Constitutional History of England, 1841.

Handbuch der Kirchengeschichte, Kapitel 27, S. 341, Das englische Schisma und die Reformation in England, u. a. die Gesamtdarstellung v. N. Sanders, De origine ac progressu schismatis Aglicani (Köln 1585).

Harris, W.: An Historical and Critical Account of the Lives . . . of James I and Charles I . . ., 5 Bde., London 1814.

Hatschek, J.: Englisches Staatsrecht, 2 Bde., 1905/06.

— Englische Verfassungsgeschichte, 1913, 2. Aufl. 1978. Hrsg. v. Kienast u. Ritter.

Heinsheimer, K.: Zivilgesetze der Gegenwart, II. Das Zivilrecht Englands . . ., 1. Teil mit Abh. v. H. B. Schwarz über die Quellen und Equity.

Hesse, K.: Grundzüge des Verfassungsrechts der BRD, 15. ergänzte Auflage, 1985.

Heymann, E.: Überblick über das englische Privatrecht, in: Holtzendorff / J. Kohler, Enzyklopädie der Rechtswissenschaft, II (7, 1914, 281).

— Englisches Recht, bei F. Stier-Somlo / A. Elster, HWB der Rechtswissenschaft II, 1927, S. 249.

Holdsworth, W. S.: Sources and Literature of English Law, Oxford 1925, Ndr. 1952.

— A History of English Law, 16 Bde., kompl. 1966.

Hooker, Richard: Of the Laws of Ecclesiastical Polity, in two volumes, volume one (books I - IV), London 1907, ND 1969.

Howell, R., Cromwell, Titel der amerikanischen Originalausgabe 1977, Deutsche Übersetzung v. H. Fließbach, München 1981.

Hughes, Philipp: The Reformation in England, Bd. I "The King's Proccedings", Bd. II "Religio Depopulata", Bd. III "True Religion now Established", London 1954.

Isaac, R.: The Transformation of Virginia 1740 - 1790, Chapel Hill/N. C. 1982.

Jenks, E.: Constitutional Experiments of the Commonwealth, 1890.

Jennings-Ritter: Das britische Regierungssystem, 2. Aufl., 1970. Journals of the House of Lords, 1509 to date 1767ff. Journals of the House of Commons, 1547 do date 1742ff.

Kearney, Hugh F.: The eleven years tyranny of Charles I, London 1962.

Keeler, Mary F.: The Long Parliament 1640 - 41, Philadelphia 1954.

Keir, D. L.: The Constitutional History of modern Britain since 1485, ⁸1966.

Kemp, E. W.: Counsels and Consent, Aspects of Church of Government, London 1961.

Kenyon, John P. (Ed.): The Stuart constitution 1603 - 1688, Documents and Commentary, Cambridge UP, 1966.

— Stuart England, 2. Aufl. 1985.

Klein, A.: Historia ecclesiae christianae, 1828.

Kluxen, Kurt: Geschichte Englands, 3. Aufl., Stuttgart 1985.

Kreßner, Helmut: Schweizer Ursprünge des anglikanischen Staatskirchentums, Gütersloh 1953.

Kriele, M.: Einführung in die Staatslehre, 2. Aufl. 1980.

Krüger, B.: Die amerikanischen Loyalisten, Frankfurt a.M. 1977.

Krüger, G.: Handbuch der Kirchengeschichte für Studierende, bearbeitet von Stephan, Tübingen 1909.

Krüger, H.: Allgemeine Staatslehre, ²1966.

Labaree, B. W.: America's Nation-Time: 1607 - 1789, 1972, ND. New York 1973.

— Royal Government in America, New Haven/Conn. 1930.

Lawson, H.: Roman Law-Common Law, Cambridge, ²1952, ND. 1965.

Levack, P.: Collier's Encyclopedia. Bd. 9, 1965.

Lévy-Ullmann: Eléments d'introduction . . . II: Le système juridique de l'Angleterre, Paris 1928, erg. London 1935.

Locke, John: Two treatises of government, 1690.

Loewenstein, Karl: Verfassungsrecht und Verfassungspraxis der Vereinigten Staaten, Enzyklopädie der Rechts- und Staatswissenschaften, 1959.

— Der britische Parlamentarismus, Entstehung und Gestalt, Reinbek 1964.

— Volk und Parlament, 1922, ND. 1964.

— Staatsrecht und Staatspraxis I, Berlin, Heidelberg, New York 1967.

Lutz, Hermann: Das Canon Law der Kirche von England, Berlin 1975.

Maitland, Frederic W.: The constitutional history of England, Ed. by H. A. L. Fisher, Repr. Cambridge UP 1961.

Mayer-Tasch, P. C.: Die Verfassungen Europas, 2. Aufl. München 1975.

Mellwain, Charles H.: The English common law, barrier against absolutisme, in: AHR (1944), S. 23ff.

Mitchell, Williams, in: The rise of the revolutionary party in the English House of Commons, 1603 - 29, New York 1957.

Notestein u. a. (Eds.): Commons debates 1621, 7 Bde., Oxford UP 1935.

Öhlinger, Theo: Vergleichendes Verfassungsrecht, Wien 1986.

Palmer, R. R.: Das Zeitalter der demokratischen Revolution, Frankfurt a.M. 1970.

Parker, R.: Das öffentliche Recht von Amerika, Wien 1963.

Parry: Parliaments and Councils of England (1066 - 1688), 1839.

Pearl, Valerie: Oliver St. John and the "Middle Group" in the Long Parliament, in: EHR 81, S. 490ff.

Peter, H.: Englisches Recht, HRG 1, Sp. 922ff., Berlin 1971.

Plucknett, T. F. T.: A Concise History of the Common Law, London, ⁵1956.

Plumb, John H.: The growth of the electorate in England from 1600 to 1715, in: PP 45 (1969), S. 90 - 116.

Pocock, J. G. (Ed.): Three British Revolutions, 1641, 1688, 1776, Princeton 1980.

Poore: The federal and State Constitution of The United States, Washington 1877.

Prall, Stuart: The agitation for law reform during the Puritan revolution, 1640 - 1660, The Hague 1966.

Prothero, G. W.: Selekt Statutes and other Const. Dokuments, 3. ed. 1906

Radbruch, G.: Der Geist des englischen Rechts (³1956).

Ranke, L. v.: Englische Geschichte, vornehmlich im 16. und 17. Jahrhundert, 7 Bde., 1859 - 1869.

Relf, Frances H.: The Petition of Right, Minneapolis 1917.

— (Ed.), Notes of the debates in the House of Lords 1621, 1625, 1628, London 1929.

Ritter, Gerhard A.: Divine Right and Prärogative der englischen Könige 1603 - 1640, in: Parlament und Demokratie in Großbritannien, Göttingen 1972, S. 11 - 58.

Roberts, Clayton: The growth of responsible government in Stuart England, Cambridge 1966.

Rodière, R.: Introducciòn al Derecho comparado, Barcelona 1967.

Roots, I. A.: The Great Rebellion, 1642 - 1660, 1966.

— Die Englische Revolution.

Rothschild, W.: Der Gedanke der geschriebenen Verfassung in der englischen Revolution, Tübingen 1903.

Rushworth: Historical Collections.

Schaefer, Paula: Die katholische Wiedergeburt der englischen Kirche, Beiheft zur Hochkirche Nr. 1, München 1933.

Schröder, H. C.: Die amerikanische Revolution, 1982.

Sellar, H. / *David*, W.: Legal History in Scotland, Zeitschrift für Neuere Rechtsgeschichte 1987, S. 74.

Sieper, R.: The Student's Companion to Britain, München 1984, 5. Aufl.

Sorel, A.: L'Europe et la Révolution Française, 2 Bde. 1885, 1887.

Steele, Robert (Ed.): Tudor and Stuart proclamations, 2 Bde. Oxford 1910.

Stolleis, M.: Revolution, HRG, 28. Lieferung, Sp. 961.

Tanner, Joseph R. (Ed.): Const. documents of the reign of James I, 1603 - 25, Cambridge UP 1930.

— English constitutional conflicts of the seventeenth century 1603 - 1689, Cambridge UP 1928.

Taswell, T. P. / *Langmead,* E.: English Const. History, ¹¹1960.

Thieme, H.: Die Ehescheidung Heinrichs VIII., Karlsruhe 1957.

Thomson, Mark A.: A constitutional history of England 1642 to 1801, London 1938.

Toohey, R. E.: Liberty and Empire, British Radical Solutions to the american Problem, 1774 - 1776, Lexington/Ky. 1978.

Trevelyan, G. M.: England under the Stuarts, London 1947.

Trevor-Roper, Hugh R.: Scotland and the Puritan revolution, in: Hist. Essays 1600 - 1750 (presented to David Ogg), London 1963, S. 78 ff.

— Religion, the Reformation and social change . . ., London 1967.

Tudor Royal Proclamations I, ed. P. G. Hughes / I. F. Larkin, New Haven 1964.

Turner, Eduard R.: The Privy Council of England in the seventeenth and eighteenth centuries, 1603 - 1784, 2 Bde., Baltimore 1927 - 28.

Ubbelohe, C.: The American Colonies and the British Empire, 1607 - 1763, Northbrook/Ill. ²1975.

Vergottini, G. de: Diritto constituzionale comparato, Padova 1981.

Wade, C. E.: John Pym, 1912.

Wand, J. W.: History of Religion, Anglicanism in History and Today, London 1961.

Wedgwood, Cicely Veronica: The great Revolution, Vol. I: The King's Peace, 1637 - 1641, London 1951.

— Oliver Cromwell, London 1939.

Wegener, W.: Restauration, HRG, 28. Lieferung, Sp. 940.

Wieacker, Franz: Privatrechtsgeschichte der Neuzeit, 2. Aufl., 1967.

Winfield, P. H.: The Chief Sources of English Legal History, Cambridge/Mass. 1925.

Wolf, Erik: Große Rechtsdenker, 2. Aufl., 1944.

Wright, Esmond: History of the World (G. Ed.). Published by Viscount Books 1984.

Zippelius, Reinhold: Allgemeine Staatslehre, 8. Aufl., München 1982.

Printed by Libri Plureos GmbH
in Hamburg, Germany